CIRCLE IT

National Parks
from *A* to *Z* Facts

Word Search
Puzzle Book
118 pages of Pocket Puzzles and Facts

Maria Schumacher
LowryGlobalMedia.com

Volume 64p

Mark Schumacher
President of Lowry Global Media LLC

Lowry Global Media LLC

Circle It, National Parks from A to Z Facts, Pocket Size, Word Search, Puzzle Book

Copyright © by Lowry Global Media LLC

ISBN: 978-1-938625-95-4

Introduction

It is commonly said that your brain is a muscle that should be exercised to keep it strong and sharp. What better way to keep your mind stimulated than with interesting information and challenging puzzles. Why just work your way through lists of words when you can learn some interesting facts from Wikipedia and also enjoy some stimulating Circle It word search.

How to use this book:
The **bold** words from the Wikipedia text (left page) are contained within the puzzle (on the right page). Search for them in any direction: forward, backward, up, down, and diagonally; when you find the word, Circle It. If you are not sure how a word search puzzle works, ask a friend.

It has been an absolute joy creating the Circle It volumes of word search books for you. As I create each book I find myself getting lost in enjoying the fantastic Wikipedia content; it is so interesting. Admittedly, some of the words are strange and difficult, but isn't that the point in doing a word search? Stretch your mind and enjoy the challenge.

I am so grateful for you, the reader and puzzle solver, thank you!

Enjoy,

Mark Schumacher
President
Lowry Global Media LLC

Contents

Solutions – Back of the book

References – Further in the back of the book
(hey, it's a puzzle book not a novel)

Acadia National Park

Acadia National Park is a national park located in the U.S. state of Maine. It reserves much of Mount Desert Island, and associated smaller **islands**, off the Atlantic coast. Created as **Lafayette** National Park in 1919,[3] it was renamed Acadia in 1929[3] and is the third oldest national park east of the **Mississippi** River, following Thousand Islands (1904) and Point Pelee (1918) in **Ontario**.[4]

Acadia National Park, Terrain and Features

The park includes mountains, an ocean **shoreline**, **woodlands**, and lakes. In addition to Mount Desert Island, the park comprises much of the **Isle** au Haut, parts ofBaker Island, and a portion of the **Schoodic** Peninsula on the mainland.

In total, Acadia National Park consists of more than 47,000 acres (19,000 ha),[3]. The permanent park **boundary**, as established by act of Congress in 1986, includes a number of private **in-holdings** that the park is attempting to acquire.

Cadillac Mountain, named after the French explorer Antoine Laumet de La **Mothe**, sieur de Cadillac, is on the eastern side of the island. Its green, **lichen-covered**, pink granite summit is, because of a combination of its eastern location and height, one of the first places in the United States to see the sunrise. Miles of carriage roads were originally built by John D. **Rockefeller**, Jr. The mountains of Acadia National Park offer hikers and bicycle riders views of the ocean, island lakes, and pine forests.

Each summer several trails in the park are closed to protect nesting **peregrine** falcons.

National Parks Facts, puzzle 1

```
P I C L U O P N I G A - S B R I H L N P P U
F U G Y A K E K C B E V I T F M R P R R G I
U T - E S P B Y A D M D H I D D E B P V B I
N G F T I U Y G C B B K L K M G Y A M E G D
K S E W E K W P F D W F B W A V P B P E Y U
C M D - T - D Y R A D N U O B M C K E N M D
U - Y L B Y L D F D A I I O B U H I W N E E
Y I F - K I P I S L E N C D R M P U Y - S I
R A E F N N O W C R - U V L D A Y P I B T O
T K F N P U D - F H B T V A U N - - B Y T A
- O P E D M S I O E E R H N C V G I L H I H
P O B D G N A L P O D N E D H A Y M E O M I
U C C L T C D B E K F K - S I P D C S K H D
O W P G R I S L A N D S W C P A W I V G Y Y
U V M L N P N C B M W T S A O P E T A Y - V
Y - R G M I S S I S S I P P I V B F L L N O
W R S H O R E L I N E C F O - H E F T K L K
W I A K T O N T A R I O H P M W V R K D S L
L D P R H C A D I L L A C O R R R K E E R W
L F L L E K V S Y T L V F A O V P Y B D A Y
G F W P P E R E G R I N E H E D C C T A C Y
N U B C T F U G R F V B M E R I I G M U H D
D P O B O E W R Y I R G I L P I E C Y B I P
V S R O U L G L A L B G C V G L C O G U B M
R P W M I L A F A Y E T T E L R H P G F E K
U V O R N E M V M - U T F N T S M M M F T S
M G T E Y R A S B I N B A G I Y A D G K Y I
H Y W O V T S K O O K Y K G V D U G V W B U
```

National Park of American Samoa

The National Park of American **Samoa** is a national park in the **American** Territory of American Samoa, distributed across three separate islands: **Tutuila**, Ofu, and Ta'ū. The park preserves and protects coral reefs, tropical **rainforests**, fruit bats, and the Samoan culture. It is popular for hiking and **snorkeling**.[3] It is the only American national park south of the Equator.

National Park of American Samoa, Geologic History

The **volcanic** islands of Samoa that dominate the acreage of the national park are composed of shield **volcanoes** which developed from a hot spot on the Pacific Plate, emerging **sequentially** from west to east. Tutulia, the largest and oldest island, probably dates from the **Pliocene** Epoch, approximately 1.24 to 1.4 million years ago, while the smaller islands are most likely **Holocene** in age.

The islands are not made up of individual volcanoes, but are rather composed of overlapping and **superimposed** shield volcanoes built by basalt lava flows. Much of the lava that erupted has since broken into angular **fragments** known as **breccia**. The volcanoes emerged from the intrusion of basaltic dikes from a rift zone on the ocean floor during the Pliocene Epoch, and were heavily **eroded** during the Pliocene and early **Pleistocene** Epochs, leaving behind trachyte plugs and exposed outcrops of volcanic tuff throughout the park. Ta'u island, the youngest of the islands included within the national park, is all that remains from the collapse of a shield volcano during Holocene time. This **collapse** produced sea cliffs over 3,000 feet high on the north side of the island.

National Parks Facts, puzzle 2

```
A S J C W Z U A B D T Q C P O T L C H Z F J
I P X Z G R K K E N E C O L O H Y P O M Q C
Q U L R B P C I E W W W R K Y I L J F Y U Q
P I M A O M A S E N E C O I L P H U K R M N
N E N V D N U D A A I C R L C Z I P A Q B Q
I V R Y T L T M E L Q W W S U Z B I Q P I E
L J Z O L I E I M P C A T Q R H N G D Q S I
T K F A D R I V A W N N X H J F M K J V T V
U T B C I E J Y Z J E T M B O Z P W E U W M
S F I C I C D R V M V H K R M A U Y D W K M
Z G A H C Q K L G N F J E G F W V L R G S O
D N N Q Z H Q A Q S V S M J C L V S W K O U
E E K X G W R R C Y T Q N C E X B E K E T N
P P X R X F V I A S B D O Y O V T N F D L Q
L P K G P V B U I Z D U W E H T E R C P L B
E I U J N P T D Q S U P E R I M P O S E D W
I R F H P I W W O I E F T A X J H V H F R Y
S A I B C H L H T D R Q D P U X Y G M A X T
T D S C N X S E U Q Q X Z O U W D E E A F A
O V E V P F V R K B L D S E S P A L L O C Z
C R O Z V Z U S T R A G T H X D X L L D Y J
E V N L Y A B C B L O L J D F B E V T R M T
N Q A K C V U R F A T N I C O T M T G H J Y
E Y C X Z A E L A K U P S U Y S S T W X A K
L C L P Z C N X S E Q U E N T I A L L Y M P
R N O E C M P I T Y I D J X R U D U W W T X
O U V I Z L A F C H D S X G A G T N S B Q U
M Y A R U C Q H H E R U E I Y Z R A G S E S
```

Solutions in back of book

Arches National Park

Arches **National** Park is a US National Park in eastern Utah. The park is located on the Colorado River 4 miles (6 km) north of Moab, Utah. It is known for containing over 2,000 natural **sandstone** arches, including the **world-famous** Delicate Arch, in addition to a variety of unique geological resources and formations.

The park is located just outside Moab, Utah, and is 76,679 acres (119.811 sq mi; 31,031 ha; 310.31 km2) in area.[3] **Forty-three arches** are known to have collapsed since 1977. The park receives 10 inches (250 mm) of rain a year on average.

Arches National Park, Geology

The national park lies atop an underground evaporite layer or salt bed, which is the main cause of the **formation** of the arches, **spires**, balanced rocks,sandstone fins, and eroded monoliths in the area. This salt bed is thousands of feet thick in places, and was deposited in the **Paradox** Basin of the Colorado Plateau some 300 million years ago when a sea flowed into the region and eventually **evaporated**. Over millions of years, the salt bed was covered with debris eroded from the **Uncompahgre** Uplift to the northeast. During the Early Jurassic(about 210 Ma) desert conditions **prevailed** in the region and the vast Navajo Sandstone was deposited. An additional **sequence** of stream laid and **windblown** sediments, the Entrada Sandstone (about 140 Ma), was deposited on top of the **Navajo**. Over 5000 feet (1500 m) of younger sediments were deposited and have been mostly eroded away. **Remnants** of the cover exist in the area including exposures of the **Cretaceous Mancos** Shale.[5]

National Parks Facts, puzzle 3

```
S M T E N W O L B D N I  W O A B E G T T - F
A V S T A G H H - X W H L B Q V E - V V W R
Q I C G T P Y X H W Q F G D E F R Q S E B A
C P G P I X Q U S F O W U P B O H G B E T R
X B E N O I T A M R O F M G D U T T - C T U
V J - O N O L L Q A D S Y Q N I - I A L P U
C E U D A B G Y O L T Y S Q M A Y T S W M Q
C N J D L M N C C N M L A G Y F T E A I L M
J V I N - D - L A W- J L O - U R C N D M M
J I T D B L V N Y - Y - T E Y D O G D - R S
W G E J T V M Y - P Y H L O V X F C S A S N
S U Q I X E A A G F C Y I G I - E Q T A B -
I F X S R O N E S U O M A F - D L R O W D Y
U O G - W B C T H P B S L U A S F - N F G Y
Q G V S R C O M W N I S A Y U U W O E P D M
R T W V I U S E Y R - R O C W O L M P G D L
E X T T G F P O R B J F E T B M O Y P W Q I
I F A Q C T M D X P C I I S M J R A R N J Y
C O L E R G H A P M O C N U A F R W E A F D
E N O P E N L E C - V T V V I A E R V D V W
- T Q I T J O P E Q I Y A N D B A T A X R L
E Y N M A H F Y L O D N B O F C C T I - O -
W D D T C L M O L A Q R X F S N H C L D V L
M W W A E O M E C D E T A R O P A V E E H H
J C H A O M D V O S Q M H Y S C Y V D WA H
L N R F U G A I H I U H U W I P X E N S F -
- O G A S E Q U E N C E M A M N D - U I F C
M - N A R C H E S V B I M I I W U Y D M M W
```

Solutions in back of book

Badlands National Park

Badlands National Park (Lakota: *Makȟóšiča*[3]) is a national park in **southwestern** South Dakota that protects 242,756 acres (379.306 sq mi; 98,240 ha)[1] of sharply eroded **buttes**, **pinnacles**, and spires blended with the largest **undisturbed** mixed grass prairie in the United States. The park is managed by the National Park Service.

Badlands National Park, Native Americans

For 11,000 years, Native Americans have used this area for their hunting grounds. Long before the Lakota were the **little-studied paleo-Indians**, followed by the **Arikara** people. Their descendants live today in North Dakota as a part of the Three Affiliated Tribes. **Archaeological** records combined with oral traditions indicate that these people camped in **secluded** valleys where fresh water and game were available year round. Eroding out of the stream banks today are the rocks and charcoal of their **campfires**, as well as the **arrowheads** and tools they used to butcher bison, rabbits, and other game.

From the top of the Badlands Wall, they could scan the area for enemies and **wandering** herds. If hunting was good, they might hang on into winter, before **retracing** their way to their villages along the Missouri River. By one hundred and fifty years ago, the Great **Sioux** Nation consisting of seven bands including the **Oglala** Lakota, had displaced the other **tribes** from the northern prairie.

National Parks Facts, puzzle 4

```
- A X U C F T C W D H T C P N I M K - K U X
N X X H P R T K A F C O - N A C O R W X I X
N B U U K K R I E E H M E F O P G O R H P M
W S W H E A I R T M H A U B N G A A B M D I
X W M I - H B A D L A N D S P P D - E X R C
K G C X L L E R U A G P T G O I H R X M - D
W - H C E C S E C L U D E D S G A N G P C I
R K F F F D L A X S - M R S S O I N P F P N
L G I I K N - C C L G E - C F O E - B B B P
R S B N E H C P N I T S S W - P D L H R G K
L N C - U N D S - B R S E D X P H - C B P E
K A R C H A E O L O G I C A L N R R - U P I
O I E B W N O M A L C F E T N L H K H C H G
N D T G O L I T T L E - S T U D I E D P P P
E N R N C L N K X N I D P S B W H S W D U R
S I A C R O L B D C S E T T U B E H A W H I
O - C C A G D O G D G B T T D R D R - B N D
U O I R B L E E X F T N H G I C R U N F S E
T E N U T A S I B D X W I F D O R G X O P G
H L G X I L B N X R X R P R W H H D T L I U
W A K G R A U U C W U M D H E A P C A W N B
E P B S H R O I X I A T E U U D D W E W N I
S X F M S I P W X C L A S O - - N G T G A S
T W C N S K G T D F D S T I O N C A - N C K
E B D K M A R L E S R X R E D O P K W P L W
R G P W U R O U N B C E D A P N F H E O E C
N R E B A A G - K H F N W P C F U C K R S L
B S U I G R R W A R U - X R C M B X K W R C
```

Big Bend National Park

Big Bend National Park in the U.S. state of Texas has national **significance** as the largest protected area of **Chihuahuan** Desert topography and **ecology** in the United States. It contains more than 1,200 species of plants, more than 450 species of birds, 56 species of **reptiles**, and 75 species of **mammals**.[3]

The national park covers 801,163 acres (324,219 ha).[1] A variety of **Cretaceous** and **Cenozoic** fossil organisms exist in abundance, and the park has artifacts estimated to be 9,000 years old. Historic buildings and **landscapes** offer graphic illustration of life along the international border in the 19th century.

For more than 1,000 miles (1,600 km), the Rio Grande/Río Bravo forms the **international** boundary between Mexico and the United States, and Big **Bend** National Park administers approximately 118 miles (190 km) along that boundary. The park was named after the area, which is bounded by a large bend in the river and **Texas-Mexico** border (*see map at right below*).

Because the Rio Grande serves as an international boundary, the park faces unusual **constraints** while **administering** and **enforcing** park rules, regulations, and policies. In accordance with the Treaty of Guadalupe Hidalgo, the park's territory extends only to the center of the **deepest** river channel as the river flowed in 1848. The rest of the land south of that channel, and the river, lies within Mexican territory.

One of the last Native American groups to use the Big Bend was the **Comanches**, who passed through the park along the Comanche Trail on their way to and from **periodic** raids into the Mexican interior.

National Parks Facts, puzzle 5

```
E X Y - N Y E - Z H H R I C P N H - E M O X
M Y L A D A X C Y T R N P H - N A M C O H N
N M P E E N F O R C I N G G T X R Z N Y E Z
U R F D E X F I I U L P Y P Y Z X P A H C I
O E Y E H Y S U O E C A T E R C Z A C Y Z O
G G D A D O D S D T C X S - A O S F I Z D P
S O F N L O Z G S H N H S H N C P Z F C F Y
P E E R E D O F L I F - S I L I I G I R B H
C P H N - B G S A N A O D L S X X F N X B F
E N B C I P B C M F B E L X A E B O G X G G
N O T D N B F P M - F A Z D N M R X I G A U
O H B S H A N F A X N F M - I - - A S L N R
Z D B N A N M F M O M I A F C S U E Z A Y I
O Y C A X T D O I R N N A U H A U H I H C M
I B S D U C O T C I S C Y X X X L P D Y X P
C G O S G S A Z S R S X H G S E F Y A C G X
Z A C C O N S T R A I N T S A T Z E T I G E
B G E D R X E H D X I B X G A S I - I D - -
M L C E E R B R T A D F E M U T L G G O H I
X I T Y I R A O H L L C B C P A L Z - I I M
M N Y N N - L A X H O Y I X N X R I P R D F
I S G F I H N M O L U R C D B L B T D E Y Y
I F C P L U L E O T - R S B Z T N F R P L R
C Y I T F M F G U S T C Y - P Y T Z - U C B
P A S - A H Y G I A A Y - D L T H - A - Y O
D N U Z D P B P M P Z I Z G - E M G F C G S
Z R X L T B T S E P E E D R E P T I L E S C
N D P E M - B S Y R E U U G N O I U O P - S
```

Biscayne National Park

Biscayne National Park is a U.S. National Park located in southern Florida, south of Miami. The park preserves Biscayne Bay and its **offshore** barrier reefs. **Ninety-five** percent of the park is water, and the shore of the bay is the location of an **extensive mangrove** forest. The park covers 172,971 acres (69,999 ha) and includes Elliott Key, the park's largest island and first of the true Florida Keys, formed from **fossilized** coral reef. The islands farther north in the park are transitional islands of coral and sand. The offshore portion of the park includes the **northernmost** region of the Florida Reef, one of the largest coral reefs in the world.

Biscayne National Park protects four distinct **ecosystems**: the shoreline mangrove swamp, the shallow waters of Biscayne Bay, the coral **limestone** keys and the offshore Florida **Reef**. The **shoreline** swamps of the mainland and island margins provide a nursery for larval and **juvenile** fish, molluscs and crustaceans. The bay waters harbor immature and adult fish, **seagrass** beds, **sponges**, soft corals, and **manatees**. The keys are covered with tropical **vegetation** including endangered cacti and palms, and their beaches provide nesting grounds for **endangered** sea turtles. Offshore reefs and waters harbor more than 200 species of fish, **pelagic** birds, whales and hard corals. Sixteen endangered species including Schaus' **swallowtail** butterflies, **smalltooth** sawfish, manatees, and green and hawksbill sea turtles may be observed in the park. Biscayne also has a small population of threatened American **crocodiles** and a few American **alligators**.

National Parks Facts, puzzle 6

```
Y O F D C O X A S M A L L T O O T H D N Y S
R A A U L J A E X T E N S I V E X E L W B T
- - L I A T W O L L A W S D J S D S N Z V Y
L J T T G O A E N O D P F T Z V L I F I - M
A S U D E R E G N A D N E O X G E P V D T -
H C S O G E D G B D R V J U H V S R X Z S J
L N L R L R I G G L I S - A F H R M D G M D
S - I L T S O M N R E H T R O N O M M W H M
F O S S I L I Z E D F E E R V C T D W Y E H
B C Z P D - D W J Y - P M A O C A J L M O O
J L V X O G E J H G J T L S M G G E X D C O
G U J A E N W N Y S M T M M E C I M G - S Z
Z J V I W S G P E R F E - E N N L E W I E -
T V E E S N V E C V T - I I I O L N V M A D
Y I W P N D F V S S M R W V L I A Y W P G A
R B L O A I S F Y O A N Z Y E T V A I H R Y
X P J N X R L S P U I G Y E R A S C R Y A J
Y U S - A R O E D N S T S L O T J S F T S W
Z Y T B C C U X E H T D B W H E J I - O S W
Z M O F E B Z T V E R P T F S G Z B E H E I
W X Z J L R Y O U U G Z V G F E N H R M R J
T D A W G - L I M E S T O N E V N Z O - S W
W E R C F G I R D D A L Z H Z X O P H F F R
P P J I T A M A N G R O V E U J B A S J N R
Z M V R Z O Z S U G X P G T E M B Z F I M S
P E L A G I C R O C O D I L E S L O F M Y R
L U A J Z F I H H V G V - Z S L T I O C G D
V Z D S E E T A N A M F A D Y R F L I B O R
```

Black Canyon of the Gunnison National Park

Black Canyon of the Gunnison National Park is a United States National Park located in western **Colorado** and managed by the National Park Service. There are three entrances to the park. The south rim entrance is located 15 miles (24 km) east of **Montrose**, while the north rim entrance is 11 miles (18 km) south of Crawford and is closed in the winter. The park contains 12 miles (19 km) of the 48-mile (77 km) long **canyon** of the **Gunnison** River. The national park itself contains the deepest and most dramatic section of the canyon, but the canyon continues **upstream** into **Curecanti** National Recreation Area and downstream into Gunnison Gorge National Conservation Area. The canyon's name owes itself to the fact that parts of the gorge only receive 33 minutes of sunlight a day, according to *Images of America: The Black Canyon of the Gunnison.* In the book, author Duane **Vandenbusche** states, "Several canyons of the American West are longer and some are deeper, but none combines the depth, sheerness, **narrowness**, darkness, and dread of the Black Canyon."[3]

Black Canyon of the Gunnison National Park, Geology

The Gunnison **River** drops an average of 34 feet per mile (6.4 m/km) through the entire canyon, making it the 5th steepest mountain descent in North America. By **comparison**, the Colorado River drops an average of 7.5 feet per mile (1.42 m/km) through the Grand Canyon. The greatest descent of the Gunnison River occurs within the park at **Chasm** View dropping 240 feet per mile (45 m/km).[4] The Black Canyon is named due its **steepness** which makes it difficult for sunlight to penetrate.[5]

National Parks Facts, puzzle 7

```
W K M R K Q L G M F C C F V V M Q F A P G R
A L A R N A R R O W N E S S A L C S E N H I
H R O Z E R B G L C V F W U S Z K L L I S S
T C Z N V G S J T B C S I E D J Z R V R K H
G P G E J U O U G A L R J S P L J A R R P U
X R Y G C I K K D K L O P O Y W N Q X R E V
B O B P F C Z Z D F I S X R O D F B V I T T
R A F F A Y N X B H Y V U T E P S T R V W X
T O K C Y Z N J R X R O P N H H U N M E L M
P D U Q I O I O F K W E B O T U Y O M R T B
O A I I C M T C N N G U H M B K P S C O M K
E R N L B N K R N U S K X Y H B Z I C C P H
C O S Y A S E Z H C D S V N C M K R A L X M
R L V L Y S F Q H H F D D A W T B A A B D M
X O T G F E I E T W H D S L G T U P Y U K S
W C E A O N P E T C X C L N X P B M J L R A
J A G V D P G R X D R U T V S Z X O J G H H
C W O J C E P H U W Y N K T W X H C U S V C
U I D B B E B V O L Q K R U L Z S K H Y B P
R Z Q T S T P I A W B E C W I C Q U J D J U
E D I N P S L O B G A H M A S N O Y N A C B
C J Z I D S M L G M G W V J L F I Z Z J T P
A R C C A M S G L D C N E E V B V S U Y P C
N I N O S I N N U G G U Y M D Y A E W E Y V
T W F X K I C F Y G S L U N L V Y N E L M S
I T R B A A B P C W L C Y U M Z E K T M S C
V H I V G L O D L S M I B R S Q E M G B X K
J G A G L T B T M S G G E G R F W P C C J P
```

Solutions in back of book

Bryce Canyon National Park

Bryce Canyon National Park is a National Park located in **southwestern** Utah in the United States. The major feature of the park is **Bryce** Canyon, which despite its name, is not a canyon, but a collection of giant natural **amphitheaters** along the eastern side of the **Paunsaugunt** Plateau. Bryce is distinctive due to geological structures called *hoodoos*, formed by frost **weathering** and stream erosion of the river and lake bed **sedimentary** rocks. The red, orange, and white colors of the rocks provide spectacular views for park visitors. Bryce sits at a much higher **elevation** than nearby Zion National Park. The rim at Bryce varies from 8,000 to 9,000 feet (2,400 to 2,700 m).

The Bryce Canyon area was settled by Mormon pioneers in the 1850s and was named after **Ebenezer** Bryce, who **homesteaded** in the area in 1874.[3] The area around Bryce Canyon became a National **Monument** in 1923 and was designated as a National Park in 1928. The park covers 35,835 acres (55.992 sq mi; 14,502 ha; 145.02 km2)[1]and receives relatively few visitors compared to Zion National Park and the Grand Canyon, largely due to its remote location.

Bryce Canyon National Park, Activities

Most park visitors sightsee using the scenic drive, which provides access to 13 **viewpoints** over the amphitheaters. Bryce Canyon has eight marked and maintained **hiking** trails that can be hiked in less than a day (round trip time, **trailhead**):[23] Several of the trails intersect, allowing **hikers** to combine routes for more **challenging** hikes. The park also has two trails designated for overnight hiking.

National Parks Facts, puzzle 8

```
R S G Q B R Q P R C A D G K W A S S Q Y M O
A E K F R I Z S C Z T D J R L X I K J K A O
U J J C Y P U A A X R O N K P M O H V Q N L
B I H L C G U O U C S S U U A M S Z N R Z Z
O J S I E G U P S E O F V U U U A I J H S W
V B G D M C K U E C S A H V N S A U R R W T
I Z C T E H I K Y X R M M K S D D N E Q N N
E O O G N O P V A C E P K D A R Z M E G V E
W L F G L Q R K J J T U E P U N B T N P W M
P R E Y U A H Q N U A G K V G W N P M V G U
O P N V U R E Z E N E B E O U S T W R S O N
I M L W A J H B R P H F I E N I U P R C M O
N M S O F T A R E D T E Y W T F B T U O D M
T V O E R D I J A G I S C I X N X D H G E O
S J U L D S K O Q N H N T Q U P N N O N D T
D R T V M I J W N I P U W S H D O U K H A N
Y B H C K T M T M R M Y C G I O E U A J E M
W T W O D A S E B E A F Z U K J J Z M K T C
Y V E E N Y R S N H W Q U P I W W L G S S H
D T S O L K E O A T T X I P N X X W D P E O
O X T N Z N K J C A A Q Z X G M L Y U P M A
T J E X E O I K E E T R B P Y R F M T W O J
Y P R A Y Z H U Q W D E Y Q V Z P R B H H A
P R N S I T M N U G N I G N E L L A H C R R
J K I M F L O J H D U L W Q X R K C N M C D
M Y S Y X G H R H H L E T L B L G P F Z H L
T R A I L H E A D O A M W R L S N A S X F I
Z Q H D Y M R O G Z Y D O I G J J J B T D B
```

Canyonlands National Park

Canyonlands National Park is a U.S. National Park located in southeastern Utah near the town of **Moab**. It preserves a colorful landscape **eroded** into countless canyons, **mesas**, and buttes by the Colorado River, the Green River, and their respective **tributaries**. Legislation creating the park was signed into law by President **Lyndon** Johnson on September 12, 1964.[3]

The park is divided into four districts: the Island in the Sky, the Needles, the **Maze**, and the rivers themselves. While these areas share a primitive desert atmosphere, each retains its own character. Two large river canyons are carved into the Colorado **Plateau** by the Colorado River and Green River.[4] Author Edward Abbey, a frequent visitor, described the Canyonlands as "the most weird, wonderful, **magical** place on earth—there is nothing else like it anywhere."[5]

Canyonlands National Park, Recreation

Canyonlands is a popular **recreational** destination. On average 440,039 people visit the park each year.[2] The **geography** of the park is well suited to a number of different recreational uses. Hikers, mountain bikers, **backpackers**, and four-wheelers all enjoy **traveling** the rugged, remote trails within the Park.

Rafters and **kayakers** float the calm stretches of the Green River and Colorado River above the **Confluence**. Below the Confluence, Cataract Canyon contains powerful **whitewater** rapids, similar to those found in the Grand Canyon. However, since there is no large **impoundment** on the Colorado River above Canyonlands National Park, river flow through the Confluence is determined by **snowmelt**, not management.[6]

National Parks Facts, puzzle 9

```
J E B Y S S E A Z K L C W J G N F F K M C E
K G I X E R Z M A A K A N Z Z P D C K K F C
A B D D O E A B V K F I W O P X T B R D S F
I M Z A S K M G A M M G E O G R A P H Y N R
J K H K U A P Q O C I O N Z T T G E L A M R
G F A B Q Y S C M N K H U I U C H I C S N L
P M U L V A X N A R V P A K L N X Z F B E O
R X Q O A K O X O N Y R A N H E G T U A S F
M P N T H D L P G W Y M E C H P V T B C Y K
N Y P K N A U M O Z M O Q T K X X A U F P L
K E P Y B M O N S K O E N D A E T D R H O Z
V A L J U A O T Y H F H L L M W R L U T Z F
N U Z B B Q G D I L H M C T A V E S X T W K
G U A F S A S E M X O M N L P N Q T X N K R
P X H E V G T G P M C S Q H F Q D P I N O Z
A G Z H T N E M D N U O P M I A K S Z H K S
G B U Y R A O A W O E X G G E F D K I M W C
Y V R Y I W L N Y S K Z L E F P I C M L Y P
H T A Q B T K P I L Y N J W K R L K L A X B
J S T L U J C X L A N O I T A E R C E R G K
Q R X R T R Z J U D P S I O S E F A X Z K Z
M X A V A W L W F M O V D Z O H H X S O T P
O C S H R Q L P R V Y K E C B C Q H R S P X
K B C J I M P T D B T C D N R R R Q N M Z
E P G N E N C E Y T V C O N F L U E N C E F
R D E I S A M A Y Y J Q R M Q J D Q Y N X I
J N G F J Y N G E E V A E E M A J G G Y B M
O N I L K A L R G T Z M A G I C A L G W S F
```

Capitol Reef National Park

Capitol Reef National Park is a United States National Park, in **south-central** Utah. It is 100 miles (160 km) long but fairly narrow. The park, established in 1971, **preserves** 241,904 acres (377.98 sq mi; 97,895.08 ha; 978.95 km2) and is open all year, although May through September are the most popular months.

Called "Wayne **Wonderland**" in the 1920s by local **boosters** Ephraim P. **Pectol** and Joseph S. Hickman, Capitol Reef National Park protects colorful canyons, ridges, buttes, and **monoliths**. About 75 mi (121 km) of the long **up-thrust** called the **Waterpocket** Fold, a rugged spine extending from Thousand Lake Mountain to Lake Powell, is preserved within the park. "Capitol Reef" is the name of an especially rugged and **spectacular** segment of the Waterpocket Fold near the Fremont River.[3] The area was named for a line of white domes and cliffs of Navajo **Sandstone**, each of which looks somewhat like the United States Capitol building, that run from the Fremont Riverto Pleasant Creek on the Waterpocket Fold. The local word *reef* refers to any rocky barrier to travel.[4] Easy road access only came in 1962, with the construction of State Route 24 through the **Fremont** River Canyon.[3]

Capitol Reef National Park, Geography

Capitol Reef **encompasses** the Waterpocket Fold, a **warp** in the earth's crust that is 65 million years old. It is the largest exposed **monocline** in North America. In this fold, newer and older layers of earth folded over each other in an **S-shape**. This warp, probably caused by the same **colliding** continental plates that created the **Rocky** Mountains, has weathered and eroded.

National Parks Facts, puzzle 10

```
M U V D V WA R P - F K F V H E B G G L R E
F M S C C A L B C O M C C K S D P F H P U K
L B - O V T F N B S A N D S T O N E F V V B
H S - F S E S S A P M O C N E L Y T O S B I
N H O L G R M Y - W K D V R D H B H V K G A
K I D C M P R E S E R V E S T N A H N B I C
S H U C O O - T N O M E R F U O O T N U R U
N U Y U C C C T D V U N F O M W S B H P I E
M P P Y U K I K W N V T W P T - M C E K G D
S - N S P E Y D C N A L H U I U O C E T G D
P T L U T T WW- - O L V - Y D T O N O Y I
S H M M D I K I K R E S R T C O P M E - B G
U R O H P W W T C Y N N G E L E P I O D A Y
E U M T H E L - A A D H T S D D N A C H S K
T S T D M - S R E T S O O B U N F T U K M F
F T - G E O O C T U S T O H L T O H R N I N
I D M S B N U V P L L T A V O F T W V A F E
O G L H H Y I I F A H S K U C B U U E A L M
WA B T K A L L Y S P E C T A C U L A R H U
C T R C K T P A C R E P E L G V A T L E N U
Y B O - D - P E B O L Y M C L W W K H I T E
M R L E A S D P I K N R N W K W H G A Y U K
I U W K N Y G - F K - O O S B U G L S I O C
L R N - O N Y - N D - M M O N O L I T H S O
G N L T L I - F WE G N I D I L L O C I - M
F T U S R D C F P S O N R M B C Y S V Y R I
P A T A S P A N W H U O V V S V W W F R O W
S Y G R C P Y G N B B I M H I F L M H - R -
```

Carlsbad Caverns National Park

Carlsbad Caverns National Park is a United States National Park in the Guadalupe Mountains in southeastern New Mexico. The **primary** attraction of the park is the show cave, Carlsbad Cavern. Carlsbad Caverns National Park is open every day of the year except **Thanksgiving**, **Christmas**, and New Year's Day. **Visitors** to the cave can hike in on their own via the **natural** entrance or take an elevator from the visitor center.

The park entrance is located on US Highway 62/180, **approximately** 18 miles (29 km) southwest of Carlsbad, New Mexico. Carlsbad Caverns National Park **participates** in the Junior Ranger Program.[3] The park has two entries on the National **Register** of Historic Places: The Caverns Historic District and the **Rattlesnake** Springs Historic District.[4] Approximately two thirds of the park has been set aside as a **wilderness** area, helping to ensure no future changes will be made to the **habitat**.

Carlsbad Cavern includes a large cave chamber, the Big **Room**, a natural **limestone** chamber that is almost 4,000 feet (1,220 m) long, 625 feet (191 m) wide, and 255 feet (78 m) high at the highest point. It is the fifth largest chamber in North America and the **twenty-eighth** largest in the world.

Carlsbad Caverns National Park, Capitan Reef

An **estimated** 250 million years ago, the area surrounding Carlsbad Caverns National Park served as the **coastline** for an inland sea. Present in the sea was a **plethora** of marine life, whose remains formed a reef.[5]

National Parks Facts, puzzle 11

```
- G U A D A L U P E H M W S P D C H K O X R
W - P Y P R S X M A P L E T H O R A I S E U
T X A K M P R I M A R Y X G B G Y L W R O W
N H I S T W R H E N X I Y T K A C I N X I W
L D - I - I I O - K K R T R R L L E M I - C
U R G U A W S X X L A N B R R D N G G H H G
N M N D K M Y Y W I S N A L E X O R X D T N
Y O P I O R W R W P M X S R K W T M X I C I
Y V I S I T O R S C H A N E P R W T - R C V
U I I C A M W L X G A E T - L O E - V A I I
I D T K O Y L G P R S G P E E T N W B S A G
T D I O K D G C D S G M W G L K T W S X D S
O Y R E N U A D H T N O C A H Y Y A U - - K
- C V C G R T G V R I N N V R K - R R L T N
Y L L U L V O M V D I S U K - R E R D E E A
G Y G S S R A B T E E S B K E V I K Y X G H
Y Y B V H W R M N - N U T T D G G W E H E T
N A X I B V L O S A M N S M D Y H B A C N -
D D V A X - U C T H W I T U A P T D T T O C
L K U C R U D U L M G P E X Y S H D L T T U
R V E P C B R Y R E B D Y R A C T P A E S Y
L I S E E A O W R X M E S T I M A T E D E N
I E N I L T S A O C C V P X C N I D E G M G
T X K X G P S E R P X B P S S B K W N T I P
X S E T A P I C I T R A P C A T U V T N L K
I P K P H V G K W P Y D X H W Y D C X Y N T
T - E - I S M O N V I R L H N X R C Y M B L
Y K S C O O O T - K V E V K O O - A H D W W
```

Solutions in back of book

Channel Islands National Park

Channel Islands National Park is a United States national park that consists of five of the eight Channel **Islands** off the coast of the U.S. state of **California**, in the Pacific Ocean. Although the islands are close to the shore of **densely** populated Southern California, their **isolation** has left them relatively **undeveloped**. The park covers 249,561 acres (100,994 ha) of which 79,019 acres (31,978 ha) are owned by the federal government.[1] The Nature **Conservancy** owns and manages 76% of **Santa** Cruz Island, the largest island in the park.[3]

Channel Islands National Park is home to a wide variety of **significant** natural and cultural resources. It was **designated** a U.S. National Monument on April 26, 1938, and a National **Biosphere** Reserve in 1976. It was promoted to a National Park on March 5, 1980.[4][5] Channel Islands National Marine Sanctuary **encompasses** the waters six **nautical** miles around Channel Islands National Park.

Channel Islands National Park, Recreation

Channel Islands National Park offers a wide variety of recreation activities, **kayaking** through the Sea **Caves** being one of the most popular. Backpacking, camping, day hiking, scuba diving, and **spearfishing** are among the activities available to visitors. The Channel Islands National Park is renowned for its large number of complex, beautiful Sea Caves. Based on ocean conditions and ferry **availability**, Scorpion **Anchorage** on Santa Cruz Island is the most visited area in the park for day and camping visitors. It is recommended that **inexperienced** visitors use caution when visiting the national park due to changing **ocean** conditions.[11]

National Parks Facts, puzzle 12

```
J F W A O B F Q X P K G S X P I A S D X J G
N N Q Y N S E S S A P M O C N E R X B G S X
Y H F P L C P T R A D E U U I A T N A S F Z
F M A X W F H Q F F K P N T Q C V V Q Y Y Y
Q F Q R G H R O G S Q D Q X S H S X Y Z E X
T M S Z L E N P R G U U F X G D Q Q T L K C
T H P C E U V Z H A N Z N Q E A S V I U Y Q
I J L X W R C T D F G U H C H N M K L H Z V
U C A C O S C A V E S E N K C K J H I Y I Z
N F C W A R R R T P S E D O X K M M B U N L
X C I I V L I U I G I S N D J H T I A C X C
R G T U S Y I K S R O S G V K B M B L T Q V
M X U R V B J F E G E R Z T E A D D I R G F
M S A C Q I L P O R G T A J E E T E A Z Z K
G I N O C N X Y V R T E M L P C N S V T M K
N U N O V E L A A L N Z V O K L O I A V E Y
I R V Z N E N I R E J I L A N N H G T O L Y
H K O I S C C L G J A E A R O I L N U G K J
S D C N Y C J I U F V Q C T I V G A F N I K
I F E O D J P J F E T X K Z T A A T P C S A
F D A F L C O Z D L D H J K A X U E L J L Y
R O N A D K Y N P N C B Q P L T I D B Y A A
A C R A O J U L E R E H P S O I B M D V N K
E G Q O B Z N W W J J C B C S U M M O E D I
P Q V R K N C P T O Q Z U L I J C B R B S N
S I G N I F I C A N T Y T B I F N E Z V K G
V I J I K Q O R C V V O J C I L T G Z W X A
V X W I D L L O F L H A E D R K E S S Y R H
```

Solutions in back of book

Congaree National Park

Congaree National Park preserves the largest tract of old growth bottomland hardwood forest left in the United States. Located in South **Carolina**, the 26,546-acre (41.48 sq mi; 10,742.79 ha; 107.43 km2) national park received that **designation** in 2003 as the **culmination** of a **grassroots** campaign which had started in 1969. The lush trees growing in this **floodplain** forest are some of the tallest in the Eastern U.S., forming one of the highest **temperate** deciduous forest **canopies** remaining in the world. The Congaree River flows through the park. About 57 percent (15,000 acres or 61 square kilometers) of the park is designated wilderness area.

Congaree National Park, Amenities and Attractions

In addition to being a designated Wilderness Area, an **International Biosphere** Reserve, a Globally Important Bird Area and a National Natural Landmark, Congaree National Park features primitive **campsites** and offers hiking, **canoeing**, kayaking, and bird watching. Bald cypress is a common tree in the park. Large animals possibly seen in the park include **bobcats**, deer, feral **pigs**, feral dogs, **coyotes**, **armadillos** and turkeys. Its waters contain interesting creatures like **amphibians**, turtles, **snakes**, alligators, and many types of fish, including **bowfin**, largemouth bass, panfish, and **catfish**. Primitive and **backcountry** camping is available. Some of the hiking trails include the Bluff Trail (0.7 mi), **Weston** Lake Loop Trail (4.6 mi), **Oakridge** Trail (7.5 mi), and King Snake Trail (11.1 mi) where hikers may spot deer, raccoon, **opossum**, and even bobcat tracks. The park also has a 20-mile (32 km) marked **canoe** trail.

National Parks Facts, puzzle 13

```
C K A S O L L I D A M R A X M D I Z X S O K
H A P X S N A I B I H P M A Y R O I D T O B
P E M X H C M L D W V N O A K R I D G E T I
S A W P A H R Y E E R A G N O C M E M Y Y V
Z T M J S C P X A J S S N S F A L O A U E W
E H C B H I S D Y J H I T E M P E R A T E K
R E I W E O T F L R R V G P I W R G Z C C Q
Z Y Y O Q S T E X L T M X N Z M Z J B N T Q
K Q N A A L Q B S C P N R B A T N C H U K E
R B X C W P O F A B I N U U B T A A H M D E
P J S K B B C T F S V V G O V O I T E F P H
F Y F R C L F N N I L O I V C K W O K S M Y
D V W A J I G Y O R Q L B M W K N F N F O O
S G T N S J L N L I S S R F O A C U I I I A
O S W H X Q F Z I X T X E P C S N A J N Y R
O P K R J E S E L E U A Y U G O E N B S S E
L N N C O C A N W U O V N X G V Q K T N W L
V R F O Q O A Y Z E X N O I Q G F N O A Z K
X V L Y B G M R Z Y C C A R M S Q T X M W D
E Y O O M J R X O A H X D C E L S K V O Y J
L M O T F F L U N L F U Q K J E U S U X Z V
S K D E M M K O L Y I U Q N W Z R C H J A D
K V P S S H P F X J M N F P S N A K E S K M
F L L C H I L A N O I T A N R E T N I F E L
D Y A A E J C X L Y G R A S S R O O T S U T
M I I S P I G S Z Q Y O P O S S U M W Z Q W
Q A N Y A A R M T V Z L I C O G J B R I C T
O I P Q P B I O S P H E R E T S B X Y U W Z
```

Crater Lake National Park

Crater Lake National Park is a United States National Park located in **southern** Oregon. Established in 1902, Crater Lake National Park is the fifth oldest national park in the United States and the only national park in Oregon.[3] The park **encompasses** the **caldera** of Crater Lake, a remnant of a destroyed volcano, Mount **Mazama**, and the surrounding hills and forests.

The lake is 1,943 feet deep at its deepest point,[4] which makes it the deepest lake in the United States, the second deepest in North America and the ninth deepest in the world.[4] Crater Lake is often referred to as the **seventh** deepest lake in the world, but this former listing excludes the approximately 3,000-foot depth of subglacial Lake **Vostok** in Antarctica, which resides under nearly 13,000 feet of ice, and the recent report of a 2,740-foot maximum depth for Lake O'Higgins/San Martin, located on the border of Chile and **Argentina**. However, when comparing its average depth of 1,148 feet to the average depth of other deep lakes, **Crater** Lake becomes the deepest in the Western Hemisphere and the third deepest in the world. The **impressive** average depth of this volcanic lake is due to the nearly **symmetrical** 4,000-foot deep **caldera** formed 7,700 years ago during the violent climactic eruptions and **subsequent** collapse of Mount Mazama and the relatively moist climate that is typical of the crest of the Cascade Range.

The caldera rim ranges in elevation from 7,000 to 8,000 feet.[1] Crater Lake has no streams flowing into or out of it. All water that enters the lake is eventually lost from **evaporation** or **subsurface** seepage. The lake's water commonly has a striking blue hue, and the lake is **re-filled** entirely from direct **precipitation** in the form of snow and rain.

National Parks Facts, puzzle 14

```
R P R E C I P I T A T I O N S H R C K U S R
B B L G E N A O H H T C Q M P I E D Y S D S
Q H Y S B V R K O F T T E T S Z - S D L Y Z
M A P L T A A L R V M E - H Q D F F F P N U
G R B Z T T M E A Q A V S I E H I R M H - B
S T - R N G P E D C I B L A N N L Y T G F S
- A R G E N T I N A I U R F O A L N K U E P
H G V V U T Q Z R H L R U V Y A E F Y B - D
R M Y M Q M A A - H C B T V O V D V V F U N
T N T E E M G R Z F T C O E E S M E U R H C
V A I M S M R P C A L U A S M N T R G B S F
Q P Q P B T T Y L G C C K L I M D O A S O L
U K S B U C Q O A G E D P R D M Y S K A O M
N B O K S S Q Y F E G A I B C E E S Z Z L A
F C U L N O U A V P Z N Z E S I R N F T M A
B A T L N U N I F P F N D S P I V A H V - Q
L L H F P S S S H R S Z G Q L Q C I - B R L
C D E - S S N Q R M A Z A M A Y O L - D T V
O E R K E S A E C A F R U S B U S - G H Z -
C R N R L I F N S A T U F - R M R Q T B T F
Q A P G M O P Z M Z T V F T T - D V A R B F
U M P S Q B N O I T A R O P A V E M T V Y A
I I I - K K S E N C A - V T Y N Q P E Z S F
E V B - C P C H T Q E M H D Y V V Y U M E H C
C H E N C O M P A S S E S P Q Q Y P G M U Z
R E M S K U Q S U E A K L C D E Z C I G D G
G F C E I D O T G H A L K F H U - D C M Y P
N - K Q B K L S Y O I E - R C K D K R K K F
```

Cuyahoga Valley National Park

Cuyahoga Valley National Park is a United States national park that preserves and reclaims the rural landscape along the Cuyahoga River between **Akron** and **Cleveland** in Northeast Ohio. The 20,339.22-acre (8,231 ha)[1] park is **administered** by the National Park Service and is the only national park in Ohio. It was established in 1974 as the Cuyahoga Valley National Recreation Area and was **designated** as a national park in 2000. Native Americans called this winding water "Kahyonhá:ke," which means "on the river" or "at the river" in **Mohawk**. Cuyahoga is an English spelling of Kahyonhá:ke. The English often write Cu for Ga, ya for yon, ho for ha, and ga for ke. The area from **Sandusky** Bay to Cleveland is described as **Canahoque**: The Seat of War, The Mart of Trade, & Chief Hunting Grounds of the six New York **Iroquois** on the Lakes & the Ohio.[3]

Cuyahoga Valley National Park, Attractions

Many visitors spend their time hiking or **bicycling** the park's many trails which visit its numerous **attractions**, including the crushed limestone along portions of the 20-mile (32 km) **Towpath** Trail, following a former **stretch** of the 308-mile (496 km) Ohio and Erie Canal.

Waterfalls, rolling hills, caves and winding river **scenery** attract many park visitors. Steep narrow ravines, a rolling **floodplain**, and **lush** farmland contrast with one another throughout the park. Animal life is also **plentiful**. The Ledges provides a **boulder-strewn** cliff to relax and watch the sunset over the scenery below. Sled-riding is popular during the winter at **Kendall** Hills.[9]

National Parks Facts, puzzle 15

```
Q B D D T H G V M T Y T V R L S A R W Y N Q
S L C S S H B E D S K R I H A Y K I B M Y W
I - C N E R C K E C Y R E Y S K U Q T R T D
B K Y S G S V I N A D M I N I S T E R E D D
F E Q A W G B N D L W D O L E E H T P W M G
Y N R B C L G G Q M R S D H Q C S N F H V -
V D T S L L A F R E T A W N A T S W W M K A
L A M F W E Y P F E S V B V I W B E A W Y C
H L Y L W O T O W P A T H E D G K R O E C D
M L A D C T D S L W B V F Y H G E T P D G N
N A K C - K E B S K E E F L S L D S W G R A
I D L G P Q W P P U M S T R S C M - O G G L
A D U Y G C O U A K S I A I - L D R K N C E
L K F N U W Q E B N T O N Q O W - E A I M V
P I I O T V S V C K H U P H S G O D N L N E
D L T R F Q Q S A Y A Q D C L A B L D C H L
O R N K K S S H I R K O L A H T M U W Y T C
O W E A - R R N O Y S R L N P P M O U C O Q
L C L F U N M - P N G I W A M S - B B I Q S
F Y P I - G T E O V P I I H T G O T V B R T
N Q K B M S P I V E P L R O G T O M O A E R
B H R S A U T R L D G G V Q K E Q N K G P E
E G S F U C U Y A H O G A U Y D U L C R Q T
B C U H A D I P N Y H B T E H E W V W E N C
M I I R - M N Q D E S I G N A T E D P L H H
H B T H Q M H A N G P E I O I R B U C K Y B
U T R U L G P M S N M D I W H O - O P M H P
A W M V T G C P K C U D D L B C O B K R W S
```

Solutions in back of book

Death Valley National Park

Death Valley National Park is a national park in the U.S. states of California and **Nevada** that is located east of the **Sierra** Nevada, occupying an interface zone between the arid Great Basin and Mojave deserts in the United States. The park protects the northwest corner of the **Mojave** Desert and contains a diverse desert **environment** of **salt-flats**, sand dunes, badlands, valleys, canyons, and mountains. It is the largest national park in the lower 48 states and has been declared an International Biosphere Reserve. Approximately 95% of the park is a designated **wilderness** area.[4] It is the hottest and driest of the national parks in the United States. The **second-lowest** point in the **Western** Hemisphere is in **Badwater** Basin, which is 282 feet (86 m) below sea level. The park is home to many species of plants and animals that have adapted to this harsh desert **environment**. Some examples include **creosote** bush, **bighorn** sheep, coyote, and the Death Valley pupfish, a survivor of much wetter times.

A series of Native American groups inhabited the area from as early as 7000 BC, most recently the **Timbisha** around 1000 AD who **migrated** between winter camps in the valleys and summer grounds in the mountains. A group of **European-Americans** that became stuck in the valley in 1849 while looking for a shortcut to the gold fields of California gave the valley its name, even though only one of their group died there. Several **short-lived** boom towns sprang up during the late 19th and early 20th centuries to **mine** gold and **silver**. The only long-term profitable ore to be mined was **borax**, which was transported out of the valley with **twenty-mule** teams. The valley later became the subject of books, radio shows, **television** series, and movies.[2]

National Parks Facts, puzzle 16

```
Y D T I Y L L T J J W S T A L F - T L A S S
F W E J D A S W G A O - S F V L G O Y T R P
N R O H G I B I N P R F H D D F M - A E - Y
G C C H M - M L A C W R O A E M W Y M R V A
E D S E C O N D - L O W E S T T E S C R X P
N F B L F J E E N N T - - I I J A I D A M S
Y E R E B T E R E E C T U P S P N R Y H Y P
U U M O V T E N - T L C A B M S P Y G B M M
A V R E T T F E C T E U X L I G L M M I G V
G A H H S J M S P I W N M L L R A H P T M J
X - H E N - T S A H C U V - - V C T P R U P
E O W W T R V E F H L E N M Y V T A H R Y -
W L R W P I S R W E R G O X S T R E R - E Y
R I S N S N P S E V M X B Y C J N D A F T J
N C B V E N V I R O N M E N T M M E L I T F
H X C U I P S H O R T - L I V E D R W B J I
J D O X X I E N V I R O N M E N T F H T V W
E M L S I B W F G M S L M V P G N M P C O P
N M X N A I - F H L D W O D X L H W L U U W
I X H B A D W A T E R E J O V G X L U X N V
M Y T S T A S T W S U I A B Y O - U P V U G
T W O T D E C F H I B I V J D R U O F L U M
S P E A O M I G V O Y D E T I M B I S H A D
B Y V D C I N X P W T E L E V I S I O N - F
W E U R O P E A N - A M E R I C A N S L Y M
N G - B L G B W E R C R E O S O T E M C L F
H R C R P E L L - T C J - U F P J L V M Y X
T F M - E S T O C P B M N N S U V P J X L O
```

Denali National Park and Preserve

Denali National Park and **Preserve** is a national park and preserve located in Interior Alaska, centered on Denali, the highest mountain in North America. The park and **contiguous** preserve **encompasses** more than 6 million acres (24,500 km2), of which 4,724,735.16 acres (19,120 km2) are federally owned national park. Denali's landscape is a mix of forest at the lowest elevations, including **deciduous** taiga. The preserve is also home to **tundra** at middle elevations, and glaciers, rock, and snow at the highest elevations. The longest glacier is the Kahiltna Glacier. Today, 400,000 people visit the park annually. **Wintertime** activities includes **dog-sledding**, **cross-country** skiing, and snow machining.

Denali National Park and Preserve, Fossils

Denali is emerging as a site of interesting fossils, including ichnites (**fossilized** footprints). These **ichnites** were first publicly reported in May 2006, and were credited with being the first evidence of **prehistoric** wading birds probing in mudflats for food during the Late Cretaceous Period.[*citation needed*] A footprint of a **carnivorous theropod** had previously been reported in the park.[*citation needed*]

Denali National Park and Preserve, Glaciers

Glaciers cover about 16% of the 6 million acres of Denali National Park and **Preserve**. There are more extensive glaciers on the southeastern side of the range because more snow is dropped on this side from winds from the Gulf of **Alaska**. [14]

National Parks Facts, puzzle 17

```
Y F K G Z U T D P M O N T D O WY C I  V R F
M S O WI  N T E R T I  M E S A V L N V I  N C
E D WD O P O R E H T V D C I  R N L Y C V V
D O D K R E K G V A O -  N WI  WD E WK Z H
T M I  S E P I  E R R M T H V L A H N C R S U
F D P -  F Y F V E R P E H O A P M O U S D C
-  A E R L Y K N S V Z H C G N I  Z K M T G N
V Z H C E K A E E N M T H -  E F U D Z O Z W
W-  U A I  S Z Z R U Y A K G D A F H G H R S
P Z C S M D E E P D N G -  F O K G E E N V U
Y WH E S C U R Z V T Y P T N S C I  I  R L U
M F R S U I  Z O V R F D V E I  A O D P R G D
P -  N S F A Y U U E R -  K -  F L N O F -  T T
V M Y A Y H C G P S Y U G M O A T G D R D U
C C T P T WD I  E U M N U H K F I  M K F K A
S D Y M Z H H -  R WG E N -  I  K G -  D E D H
N T I  O R S O P WO I  U F V Y Z U R WS WA
G M Z C L V P WO H T D A K A A O R L U M U
Y V R N M WF Z A R U S Z Z F F U G C O V U
N WV E Z Z F O S S I  L I  Z E D S G K R N A
A -  M C A T I  -  A M V R V H M E O S G O Z -
L O M F C -  F A Z H G H V M E O E A H V K D
U V I  V O O V S Z Z I  L K W-  R O L Z I  H -
M D L E G E N D I  C H N I  T E S P L Z N WW
F WO S R E I  C A L G O P R P -  H S F R -  G
Y I  M D L D O G -  S L E D D I  N G M D A I  K
M G R C T V C R O S S -  C O U N T R Y C -  V
L Y K Y V F R V C D WWE C H F -  P T U P Y
```

Solutions in back of book

Dry Tortugas National Park

Dry Tortugas National Park is a national park in the United States about 68 miles (109 km) west of Key West in the Gulf of Mexico. The park preserves Fort **Jefferson** and the seven Dry **Tortugas** islands, the **westernmost** and most isolated of the Florida Keys. The archipelago's coral reefs are the least disturbed of the Florida Keys **reefs**.

The park is noted for abundant sea life, tropical bird breeding grounds, colorful coral reefs, and legends of **shipwrecks** and sunken treasures. The park's centerpiece is Fort Jefferson, a massive but unfinished **coastalfortress**. Fort Jefferson is the largest masonry structure in the Western Hemisphere,[3][4] and is composed of more than 16 million bricks. Dry Tortugas is unique in its combination of a largely undisturbed tropical **ecosystem** with significant historic **artifacts**. The park is accessible only by seaplane or boat and averages 60,000 visitors each year. Activities include snorkeling, **picnicking**, birdwatching, camping, **scuba** diving, saltwater fishing and kayaking.

Dry Tortugas National Park, Geography

The Dry Tortugas is a small **archipelago** of coral islands about 70 miles (110 km) west of Key West, Florida. They represent the westernmost extent of the Florida Keys, though several reefs and **submarine** banks continue westward outside the park, beyond the Tortugas. The park area is more than 99 percent water. The seven major islands, all within the park, are, roughly from west to east, **Loggerhead** Key, Garden Key, Bush Key, Long Key, **Hospital** Key, Middle Key and East Key.[5]

National Parks Facts, puzzle 18

```
E X A I K Q Z S V B J P N I N G N Z S T V O
W H P L D F G X Q W S L Y A I K S E S L P K
Z F V M V L P F Y H K S M H B T Y Z E F O U
L O Z Q T O G E I B A B B C M J L Y R U M U
L D E D F Q O P L X S W F R E L B M T M X L
J X T J C Y W F W R V Z X F K P E I R W B A
Z Z R X D R E W C Q S C F J R J I B O J W W
R D Z S E L C X E E T E N F V I D P F E Z Z
N N Y C P A O J Z S R B Q D Q Y D S L D O Z
P O K A I E S E G S T S R X Z J A F A K P T
L S S J J W Y R O D I E Q K N B F Y T N X M
I U I G M D S N H S G Z R R B V E G S U J K
A H L W G M T U A W O S Q N F B G N A V A B
J N O R M L E S D P G T U N M V P V O G C F
Q O G K B M M L L Q N A Z E M O H P C K W P
W P G A P O Q A Q D A N Z B Y R S B L Z L I
P Y E Q P A S T C A F I T R A H C T E P A Z
R F R Y P F Y Z S K F G A L A W S P N V T E
Y E H L I H W Z D R R C A D S R Z J Z B I M
R X E D G N I K C I N C I P J L A Z O S P D
Q A A F E U G F D J U G O H N Z B Y J D S I
N W D W S T O R T U G A S U V G U X V Y O G
C R E Q W X P F V R B X W O R Y C Z N K H X
Y F Y Q W I I G K W N N F R D J S S F H C S
V P Z R G C B T H O G A L E P I H C R A I S
D Q N U P W C G R B J A I P I D D B L U D Q
T L O W W Y Y Z R N F S U B M A R I N E F R
Q S C L X G O P P G E J F H O F E S T C T E
```

Solutions in back of book

Everglades National Park

Everglades National Park is a U.S. National Park in Florida that protects the southern 20 percent of the original Everglades. In the United States, it is the largest tropical wilderness, the largest wilderness of any kind east of the **Mississippi** River, and is visited on average by one million people each year.[3] It is the third-largest national park in the lower 48 states after Death Valley and **Yellowstone**. It has been declared an International Biosphere Reserve, aWorld Heritage Site, and a **Wetland** of International Importance, one of only three locations in the world to appear on all three lists.[4]

Although most U.S. national parks preserve unique **geographic** features, Everglades National Park was the first created to protect a fragile **ecosystem**. The Everglades are a network of wetlands and forests fed by a river flowing .25 miles (0.40 km) per day out of Lake **Okeechobee**, southwest into Florida Bay.[5] The Park is the most significant breeding ground for **tropical** wading birds in North America, contains the largest mangrove ecosystem in the **western** hemisphere.[6] The majority of South Florida's fresh water, which is stored in the Biscayne **Aquifer**, is recharged in the park.[8]

Humans have lived for **thousands** of years in or around the Everglades, until plans arose in 1882 to drain the **wetlands** and develop the recovered land for **agricultural** and residential use. As the 20th century progressed, water flow from Lake Okeechobee was increasingly controlled and diverted to enable explosive growth of the South Florida **metropolitan** area. The park was **established** in 1934 to protect the quickly vanishing Everglades, and dedicated in 1947 as massive canal building projects were initiated across South **Florida**.

National Parks Facts, puzzle 19

```
N I L O M B M G N S O T R J F L A F E L E R
B U N O Q V H Q C E W M G P W D A N J I Z S
Q E N V I H L K D D Q E O M S Y M X K H B A
H H T L R M F U U U O M V J S F R L H W A L
I M T J W V I I P G P V J E C P G R H F X O
Z N Q H L C N S R A P G J G R N L O N D J C
P F D F O X R A S T C E N S S G X U N T W M
Q S K B Q U P L U I Y R K Z N Y L H S U G L
S D S S I H S Z G Q S I X A A D V A O Z I N
F N N Z I H G A H Q M S M E E D Z Z D O M S
X A U C M O E B N I V U I H L R I Q S E U X
W L A S F O T O N D E W S P M Z Z R R Y S D
Y T X P Z I A Q X E S I C O P M K N O D A E
A E F M M X F I Y P L N W L U I Z T X L F U
Q W R E F I U Q A B C G E V Q C K J N T F U
D W A T H L W Y A E Y T B H S S T S G G X I
L N K R W K Y T Z E K R N L X R C F P A W D
P N L O I G S B L N Z O Q D D C E P B U Z W
X D W P P E M L K G U P M F S E D L D V C H
C K X O J K O I U M M I G W A F L Q K T X Q
K O I L Q W I O E D O C G Q A D H J E C R O
W W O I S H E T R O G A N I O D C B M G S E
G M G T B T S T A J Q L I A B X D Q C I P A
J J O A A Y O O L G P V H H Q Q C H I Z B V
M N I N S F K Z X A G R I C U L T U R A L G
E P H O E S S V U N N F J I X V I L X G F T
P D C E W E S T E R N D Z C D O O L D O R F
B E V W A T T O K E E C H O B E E V N N S Q
```

Solutions in back of book

Gates of the Arctic National Park and Preserve

Gates of the Arctic National Park and Preserve is a U.S. National Park in Alaska. It is the **northernmost** national park in the U.S. (the entirety of the park lies north of the Arctic Circle) and the second largest at 8,472,506 acres (3,428,702 ha), slightly larger in area than **Belgium**. The park consists primarily of **portions** of the Brooks Range of mountains. It was first protected as a U.S. National **Monument** on December 1, 1978, before becoming a national park and preserve two years later in 1980 upon passage of the Alaska National Interest Lands **Conservation** Act. A large part of the park is protected in the Gates of the Arctic Wilderness which covers 7,167,192 acres (2,900,460 ha).[3] The wilderness area **adjoins** the Noatak **Wilderness** Area and together they form the largest **contiguous** wilderness in the United States.

There are no roads in Gates of the Arctic National Park and Preserve. Owing to its **remoteness** and lack of **supportive infrastructure**, the park is one of the less visited in the US National Park system, welcoming just 11,012 visitors in 2013; by **comparison**, Grand Canyon National Park received more than 4.5 million visitors (more than 400 times as many people) in the same year.[4]

Camping is permitted throughout the park, but may be restricted by **easements** when crossing Native Corporation lands within the park.

The park **headquarters** is in **Fairbanks**.[5][6] Park Service operations in the park are managed from the Bettles Ranger Station, to the south of the park.

National Parks Facts, puzzle 20

```
X U N E L L S R E T R A U Q D A E H U U J P
W U D M N Q U D R Z Y X M K T M L G G K H O
X L F K T W I H W Z H J N D P O Q A I J A E
S M B F A I R B A N K S D X X E T I J I A R
M V Q S X L S D R N A D R H M O C I C C R T
D P D I R D S U Q G R S L Z I R F N C C B M
U Y W N J E E L P O R T I O N S E K O K I J
X W Z F Q R N S W P Y F T S C S G H M R J B
D Q H R E N E J K D O U K N K J F W P L R Q
R M U A V E T L R X K R Z Q P K O T A L B W
X N W S M S O I V C H Q T E I N I U R B K Q
U J V T F S M W K J F M M I L J A I I Y J A
A P L R I Y E U A X U G A T V D A D S C U G
A S M U Y O R Q J I K T B S J E F B O T X W
I Y W C N J K M G C G U Y O N I U I N A C H
R D R T B Q Y L B F O V I M U R M S L M Z J
J T G U Y L E S X D D N Y N O A A N A K E D
H T U R C B L Z Z N S P S R O N D L W B Y A
K Y W E J P I A A U T L I E M H U S S B J R
R M M A Y F B M O E K I V H R O D M Q C F E
H H N S W S R U A L C U U T V V N D E N Q F
Y Q B E C W G I D M R Q G R Y G A A K N U U
Z N Q M X I G A J Y M F C O G Z N T H A T F
C V A E T W H Y B N H M O N Y C U G I C C C
N T C N V F S A Z D T A A C Q X P Y C O Q W
D W O T V J E K S C Q X D A Q P U M H J N G
Y C G S E D G Z Y W R Y I Q D Q T S Q X I V
T Q C N T P T I U V Z G I C W Z X N H Y F N
```

Solutions in back of book

Glacier National Park

Glacier National Park is a national park located in the U.S. state of Montana, on the **Canada–United** States border with the Canadian provinces of Alberta and British **Columbia**. The park **encompasses** over 1 million acres (4,000 km2) and includes parts of two mountain ranges (**sub-ranges** of the Rocky Mountains), over 130 named lakes, more than 1,000 different species of plants, and hundreds of species of animals. This vast **pristine** ecosystem is the **centerpiece** of what has been referred to as the "Crown of the Continent Ecosystem", a region of protected land encompassing 16,000 square miles (41,000 km2).[3]

The region that became Glacier National Park was first inhabited by Native Americans. Upon the arrival of European **explorers**, it was dominated by the **Blackfeet** in the east and the Flathead in the western regions. Under pressure the Blackfoot ceded the **mountainous** parts of their treaty lands in 1895 to the federal government; it later became part of the park. Soon after the **establishment** of the park on May 11, 1910, a number of hotels and **chalets** were **constructed** by the Great Northern Railway. These historic hotels and chalets are listed as National Historic Landmarks and a total of 350 locations are on the National Register of Historic Places. By 1932 work was completed on the **Going-to-the-Sun** Road, later designated a **National** Historic Civil Engineering Landmark, which provided greater **accessibility** for **automobiles** into the heart of the park.

The mountains of Glacier National Park began forming 170 million years ago when ancient rocks were forced eastward up and over much younger rock **strata**.[4]

National Parks Facts, puzzle 21

```
N S G R B D X – U R H A T C H A L E T S P D
S E L I B O M O T U A O E D - S I I – A T X
K N B N E K – R P U C O F E – R P H – S Y O
I D F Y E – D - R X G K R H M C - X E R X E
Y B F Y P P A O I – C T R K L A C M C E A S
X O L T N B D N S E S K L G Y N K H E R G T
U Y T N M L F P T I C F T B M A A H I O C A
Y – L N G G M U I U H Y L S N D N I P L R B
– P N L L S E A N – C A F Y I A L I R P B L
R Y O C O G L Y E R C E T R F – K M E X G I
Y S U – B A N Y P K N I P G Y U Y H T E U S
– T L R H P K E F A L A H S S N N F N G C H
L R I – I C R E T I S C E R X I L I E L O M
Y A B T M D E I B S S E H T - T I B C F L E
U T M B C T O I S U N O G F D E F T P F U N
L A U M R N S S C L N G H N D D B K G F M T
U O U N A S N - M U Y E F L A O C E D A B I
A – A L E N N F G F P F N L I R K Y H H I E
B D – C L F T H T N F - Y C X C - T D M A B
L K C - C O N S T R U C T E D R H B R E M F
P A L E S M L H N R D P B - P Y H - U - Y T
L C U G T I S E S S A P M O C N E H F S M K
N U S - E H T - O T - G N I O G K L D L I K
D N - S B A N B O Y S U O N I A T N U O M T
L C K X P S H L S F A K K D I T R - N A B I
R A H D U R T U X Y K C K O E G S Y E I – B
U M P D P N S I F X T L O O I G H C K N U H
A – A H U G M D R A R T T – G A S F – R G I
```

Solutions in back of book

Glacier Bay National Park and Preserve

Glacier Bay National Park and Preserve is a United States national park and preserve in the Alaska **panhandle** west of **Juneau**. President **Calvin** Coolidge proclaimed the area around Glacier Bay a national monument under theAntiquities Act on February 25, 1925.[3] Subsequent to an expansion of the monument by President **Jimmy** Carter in 1978, the Alaska National Interest Lands Conservation Act (ANILCA) enlarged the national **monument** by 523,000 acres (2116.5 km2) on December 2, 1980 and in the process created Glacier Bay National Park and **Preserve**,[4] with 57,000 additional acres (230.7 km2) of public land designated as national preserve to the immediate northwest of the park in order to protect a portion of the Alsek River and related fish and wildlife habitats while allowing sport hunting.

Glacier Bay became part of a **binational** UNESCO World Heritage Site in 1979, was inscribed as a Biosphere Reserve in 1986 and in 1994 undertook an **obligation** to work with Hoonah and **Tlingit** Native American organizations in the management of the protected area.[5] In total the park and preserve cover 5,130 square miles (13,287 km2). Most of Glacier Bay is designated wilderness area which covers 4,164 square miles.[6]

Glacier Bay National Park and Preserve, Activities

About 80% of visitors to Glacier Bay arrive on **cruise** ships. The National Park Service operates cooperative programs where **rangers** provide **interpretive** services aboard the ships and on the smaller boats that offer **excursion** trips to more distant park features.[14]

National Parks Facts, puzzle 22

```
X W O A Q U W T D A O P U A B M W D S P Q S
U K W X U E N F I K F Q P U C N F E M I V K
K T L I N G I T Y U O A F M Z O P I V H J E
V D W A V M N G R E N X R T C X K B X H G V
L V E T M C O E O H D J K R H D W F L Q N P
P S B C O W R N A G L U U C E U B B C V J Z
A Z R K Q I K N U E H E V R E S E R P J U C
P T J E U J D M D M M P J P W T R U A D N A
Q Y K L G L Q R T H E B P I A O N G C S E L
R R L R E N R H V U N N U D Z K U I C C A E
M P P N H K A U L L J P T L Y C N O E Y U A
K T A A J Z K R T Z Y D B A R D J E B T G V
Q H K P S I O R I M C Y J O H Q G H G K E F
E S N Q F I M U U N X P Q A N S Y L A E O Q
O M G X X M G M M N U L C M R F G Z I N B W
B G I D G D D M Y S F P T Q Z H T N O T L C
Q N G L F G K T G Z Y U P P Y F T V D E I L
E X C U R S I O N S E Z Z P U E J F X I G G
A O P P Z A B V E E J W L R R R I J V B A C
U G S O D F R X L T B I J P Q V P E Z X T V
B I N A T I O N A L E N R G U B J B Y J I I
O H D C J C B R V S L E W Z Z Z O C H P O H
T K I P R F C X S B T N J V Z X R U T X N A
P Z E V Z Q Q P Y I E Y G E E U V D Q J U V
A C W I A K R F V R W U S K I J V K N W Z Z
W H T U L C Z E O Z P Z K S I K I R S A Z S
P H U J D M M F A T E U E H F E G P C J M P
N C O Q C A L V I N M K W I A L D B G M W E
```

Grand Canyon National Park

Grand Canyon National Park is the United States' 15th oldest national park. Named a UNESCO World Heritage Site in 1979, the park is located in Arizona. The park's central feature is the Grand Canyon, a gorge of the Colorado River, which is often considered one of the Seven **Natural** Wonders of the World. The park covers 1,217,262 acres (1,901.972 sq mi; 492,608 ha; 4,926.08 km2) of **unincorporated** area in **Coconino** and **Mohave** counties.

Grand Canyon National Park, History

Grand Canyon was officially **designated** a national park in 1919, [4] though the landmark had been well known to Americans for over **thirty** years prior.[5] In 1903, **President** Theodore Roosevelt visited the site and said: "The Grand Canyon fills me with awe. It is beyond comparison—beyond description; absolutely **unparalleled through-out** the wide world... Let this great wonder of nature remain as it now is. Do nothing to mar its **grandeur**, **sublimity** and **loveliness**. You cannot improve on it. But what you can do is to keep it for your children, your children's children, and all who come after you, as the one great sight which every American should see."[6]

Despite Roosevelt's **enthusiasm** and his strong interest in preserving land for public use, the Grand Canyon was not immediately designated as a national park. The first bill to establish Grand Canyon National Park was introduced in 1882. Harrison **unsuccessfully reintroduced** his bill in 1883 and 1886. The Grand Canyon National Park Act was finally signed by President **Woodrow** Wilson in 1919.

National Parks Facts, puzzle 23

```
O T M P T T F Y H M G Y W C H U R N P P N N
- L U B F R U Y I - W R L G H U I O I A C A
E U U C A U R E N T H U S I A S M O L L W T
L E E P Y C D E L E L L A R A P N U H O O U
V C W C I R C L M D E H G V - E O L F U P R
R S C P I L P N M A R P E V P S N F D I N A
M M U N S U C C E S S F U L L Y O R O A W L
P M S V B W G U R N E S E C H S A P T D M W
E B S F D O S - C P P G B B H R V U C P W L
D W F C T C H T O N B A L F L C O A W H F N
E P R E S I D E N T I T Y V A - - O Y S O W
E - E - S V E D B S P D F N H F V O M U B W
O D V C E P C B H U T S T G I M D I S R U O
G S N S N C U D A I I S U T C O L F N F L O
T N R M I V D E - U B O O G D H F W - L S D
R L D I L O O T B - R P W L O A - R P C F R
F O L T E U R A H H B D Y Y G V T G M H N O
R C M C V - T R T Y F G E E A E E M F C I W
A V H E O V N O P T W R G S U L - M O B F C
G T C R L R I P M C E A B I I E T C D W R N
- - L H H Y E R D V H N G Y R G O A S G Y C
- N B P R D R O O M G D D O F N N S F D T V
S Y Y N C V F C I O T E D G I W H A E O - O
- G Y P C G L N U Y I U E N F V F D T D D I
G R F A M I I I B L V R O U B H C H N E Y H
V U O U S W H N Y N U M L W M O N P B M D L
Y T I M I L B U S O Y T R I H T C I O C - M
M H O M D S W D F O S S - N Y P R W N T F R
```

Grand Teton National Park

Grand Teton National Park is a United States National Park in northwestern **Wyoming**. At approximately 310,000acres (480 sq mi; 130,000 ha; 1,300 km2), the park includes the major **peaks** of the 40-mile-long (64 km) **Teton** Range as well as most of the **northern** sections of the valley known as **Jackson** Hole. It is only 10 miles (16 km) south of Yellowstone National Park, to which it is connected by the National Park **Service-managed** John D. Rockefeller, Jr. Memorial Parkway. Along with surrounding National **Forests**, these three protected areas constitute the almost 18,000,000-acre (7,300,000 ha) Greater Yellowstone Ecosystem, one of the largest intact **mid-latitude** temperate **ecosystems** in the world.

Human history of the Grand Teton region dates back at least 11,000 years, when the first nomadic **hunter-gatherer Paleo-Indians** began migrating into the region during warmer months pursuing food and supplies. In the early 19th century, the first White explorers encountered the eastern **Shoshone** natives. Between 1810 and 1840, the region attracted fur trading **companies** that vied for control of the **lucrative** beaver pelt trade. U.S. Government expeditions to the region commenced in the mid-19th century as an **offshoot** of exploration in Yellowstone, with the first permanent white settlers in Jackson Hole arriving in the 1880s. Efforts to preserve the region as a national park **commenced** in the late 19th century, and in 1929 Grand Teton National Park was established, protecting the major peaks of the Teton Range. The valley of Jackson Hole remained in private **ownership** until the 1930s, when **conservationists** led by John D. Rockefeller, Jr. began purchasing land in Jackson Hole to be added to the existing national park.

National Parks Facts, puzzle 24

```
C Y H A H K N H Y R H H G V D O R A - U R -
R F P W S S G F S T M U M R J E Y S A Y S Y
A Y R O Y G A P I G A N T I D D - U S H M M
C A V E N O H S O H S T V L R D I T I L F U
G I M O O N M A I S M E G K R E I R E A A L
M N H O R V M I G Y A R P P U G A T E Y L N
S P E A T M R I N I C - C D A A C W V A T K
O R G G H N L K E G G G T C P N O H S Y K G
O P A L E O - I N D I A N S P A N C F J T S
A F Y O R G D U G J C T M W M M S V K E J Y
N P O S N S - W S J - H O T G - E S T W G E
D K V T M M G R V W W E J N N E R A W J S U
K R M I P E A K S G F R A W K C V R Y L I T
M V U I U G T V J G K E C C G I A D O P L E
M C W L E A J S A D G R K J P V T T A R N P
J F L N W - E G Y U T L S I A R I - H A J M
N R W C A D O U I S J C O D Y E O V E F V O
N L - T P J F Y - J O E N C T S N R W E J -
C O M P A N I E S T F C A P Y L I O - Y M O
F Y Y D K H L M O R E L E K - U S U H W S G
K O W N E R S H I P V L U C R A T I V E R G
N T R W J N I G Y T Y E D F L P S W S G G -
V N M E C L M I D - L A T I T U D E W E V W
H O F F S H O O T C A L E O P I C K N F P A
M O J P L T F U - D A L T - E - N V L F - K
V W J E Y T S L A V T C O M M E N C E D Y V
U V U S - - P A J - Y W N P L J V T G N N Y
K K H C - V A W L D K H S J T C - G V O I S
```

Great Basin National Park

Great Basin National Park is a United States National Park located in White Pine County in **east-central** Nevada, near the Utah border. The park was established in 1986. It is most commonly **accessed** by way of Nevada State Route 488, which is connected to U.S. Routes 6 and 50 by Nevada State Route 487 via the small town of Baker, the closest **settlement** to the park.

The park derives its name from the Great **Basin**, the dry and **mountainous** region between the Sierra Nevada and the **Wasatch** Mountains. **Topographically**, this area is known as the Basin and Range **Province**.[3] The park is located approximately 290 miles (470 km) north of Las **Vegas** and protects 77,180 acres (31,230 ha).[1]

The park is notable for its groves of ancient **bristlecone** pines, the oldest known **non-clonal** organisms; and for the **Lehman** Caves at the base of 13,063-foot (3,982 m) Wheeler Peak. President Warren G. Harding created Lehman Caves National Monument by presidential **proclamation** on January 24, 1922. It was **incorporated** into the national park on October 27, 1986. There are a number of developed **campsites** within the park, as well as excellent back country camping opportunities. **Adjacent** to Great Basin National Park lies the Highland Ridge Wilderness. These two protected areas provide **contiguous** wildlife habitat and protection to 227.8 square miles (590.0 km2) of eastern Nevada's basin lands.

There are 61 species of **mammals**,[6] 18 species of **reptiles**, 238 species of birds, 2 species of **amphibians**, and 8 species of fish in Great Basin National Park and the neighboring valleys.

National Parks Facts, puzzle 25

```
L - D B C G D R C H O P T B E E V M H D J W
M B I P U S T G R M D E - G P T M C R M Y V
W - A L E H W D - C J N H L Y Y - S B O L C
R - G L W P Y C B A S I N R L T A P A E L W
- G O H R G A P P R O C L A M A T I O N A W
V R - B L N D R A A I Y U C E M B L D O C N
A O E G T D P R U M D S D J J G J C - N I M
A S G T L R B N C H U J T E S C O L R - H Y
L J N N D D E S S E C C A L L Y E L S C P T
P M J O O E N I E U - B V C E M V B O L A Y
V - N M D S S P U V M H J U E C I M V O R D
V B T R - O R Y G J G Y E I W N O J - N G R
D J H N H O L E O S T L Y T B E T N D A O I
J A I H V T - C P - P E L I E J M Y E L P J
J C T I E M O U N T A I N O U S U M C Y O P
U T N B G W S B N S I B H C T A S A W C T L
H C W Y A M E J V J I L I A R P W U - R U T
E O W B S I T A M O E A E H J D I B G L R W
P N N - U W I L - B V N G S A C L N E C W R
B T D Y E A S T - C E N T R A L J H W G Y U
G I N C O R P O R A T E D R J W M D U I A S
M G A V A A M P H I B I A N S A A P D C A C
N U D A G E A W P B S M J R N R M J C A U C
C O S C - G C - T I P G H U D T M M M W S A
P U R M J U T R S G L H H Y A C A M C M W T
U S E T T L E M E N T L S O B M L Y T Y V J
H U Y M R N - P A W H A U U H M S J C D I T
M H E C J W I P J C Y N R - P I O I G N S D
```

Solutions in back of book

Great Sand Dunes National Park and Preserve

Great Sand Dunes National Park and Preserve is a United States National Park located in the San Luis Valley, in the **easternmost** parts of Alamosa County and **Saguache** County, Colorado, United States. Originally created as Great Sand Dunes National **Monument** on March 17, 1932, Great Sand Dunes National Park and Preserve was established by an act of the United States Congress on September 13, 2004.[3] The park includes 44,246 acres (17,906 ha), and the preserve protects an additional 41,686 acres (16,870 ha).[1]

The park contains the tallest sand dunes in North America, rising about 750 feet (230 m) from the floor of the San Luis Valley on the western base of the **Sangre** de Cristo Range, covering about 19,000 acres (7,700 ha). Researchers say that the **dunes** started forming less than 440,000 years ago.

The dunes were formed from sand and soil deposits of the Rio Grande and its **tributaries**, flowing through the San Luis Valley. Over the ages, glaciers feeding the river and the vast lake that existed upon the valley **melted**, and the waters evaporated. **Westerly** winds picked up sand **particles** from the lake and river flood plain. As the wind lost power before crossing the Sangre de **Cristo** Range, the sand was deposited on the east edge of the valley. The process continues, and the dunes slowly grow.[4]

There are several streams flowing on the **perimeter** of the dunes. The **streams** erode the edge of the dune field, and sand is carried downstream. The water disappears into the ground, **depositing** sand on the surface. Winds pick up the deposits of sand, and blow them up onto the dune field once again.

National Parks Facts, puzzle 26

```
L W Y E Y M Z N D Z B Q K Y W F T F R E G A
D A K G E X T C G U D F G Z A T V T M K V T
Z N N L Y V R X L M S E S X G K K V X T A P
Z Q W A C R I S T O G J T R D B G W A Z K S
Y O P U V Z J E T H T P V L P Q H E L D O A
S M G I T Z Y F Q Z H L Y L E Q K E S L R G
F E N E S H X J O V U A N T W M R A J I C U
P C R Z O Q G T R I B U T A R I E S B R P A
C Q B Y M I H M Z U U E U N K P B A B O A C
Z K E S N V R W R U T B N I I U J N X C W H
H P V M R E Y T E O O N M W J A R G G E Q E
X Z I A E E C I Z S T R R E R L N R W P G M
N S N E T H E J H T T X X E I J B E S W Y H
Z B D R S W D M Q O E E G O T Y G N D N P O
G O E T A Z P R L A X A R K V E P E O O T V
D L I S E K E L I G L M Z L U D M B D H M P
F M T T F O J H N Y R K M Q Y D M I P P N N
M X E I Q E S T J F Z M D X N Y O W R F Y F
Q L Z M O N U M E N T S O F V O H S R E B K
P B K C K M U W A D I X Q S V J W L Q F P O
E R N F K Y H T L U T H I R T A F J X F E K
K M T W V B X U V N P Q K P O C Z P W D F Y
D G K M W H T G V E Q U V F B U N S N Y T U
R U J Z V Z A I N S H P C K W X X H N H E I
P T T G S J C R C D E P O S I T I N G S A R
H F B S E L C I T R A P R U J T X Y U O X E
B S L H F Z U I R B O J P P H R Q Z F T D R
T G H A K W X O J C X H F E I E P D E N I M
```

Great Smoky Mountains National Park

Great **Smoky** Mountains National Park is a United States National Park and UNESCO World Heritage Site that **straddles** the ridgeline of the Great Smoky Mountains, part of the Blue Ridge Mountains, which are a division of the larger Appalachian Mountain chain. The border between Tennessee and North **Carolina** runs northeast to southwest through the **centerline** of the park. It is the most visited national park in the United States. [3] On its route from **Maine** to Georgia, the **Appalachian** Trail also passes through the center of the park. The park was chartered by the United States Congress in 1934 and officially dedicated by President Franklin **Delano** Roosevelt in 1940.[4] It encompasses 522,419 acres (816.28 sq mi; 211,415.47 ha; 2,114.15 km2),[1] making it one of the largest protected areas in the eastern United States. The main park **entrances** are located along U.S. Highway 441 (Newfound Gap Road) at the towns of **Gatlinburg**, Tennessee, and **Cherokee**, North Carolina. It was the first national park whose land and other costs were paid for in part with **federal** funds; previous parks were funded **wholly** with state money or private funds.[5]

Great Smoky Mountains National Park, Attractions

The park has a number of historical attractions. The most **well-preserved** of these (and most popular) is Cades Cove, a valley with a number of preserved historic buildings including log cabins, barns, and churches. **Cades** Cove is the single most **frequented** destination in the national park. Self-guided automobile and bicycle tours offer the many **sightseers** a **glimpse** into the way of life of **old-time** southern Appalachia.

National Parks Facts, puzzle 27

```
T T D F - V S L R I A C V B R M I C M M Q I
- Q F E H Q E F V R R O R G M P Y F Y S N C
- - T D R K C M Y L L O H W L N U K C F P P
- U O E Q C N - C M Q E A Y B I N D O F N Q
- H W R S T A A B - E R P K N W W N G M S Q
W C L A N L R K P K D H P W D I E M Y K S T
P O H L E O T W O T F Q A L D D L M P Y L O
I I T E L U N R R T L G L D O F L O V I H R
O R C I B L E I N E L M A F B Q - R N U U C
A Y N G - H C D I C F Y C U I R P Y H - A I
Y A Q T C S E D A C N L H U V O R Y H M L D
G N W P B A Y A L I D - I R S R E L - O G F
Y W V N H R U R S I E H A F L L S U I O S V
F E I Y O W H G E V P E N M T S E N N P Y C
V O M R I I Y T B O U I Q E P E R B M P Y M
F C G I T U Y L M P M P F O D D V A Q - W U
V Y R O T E D A E S P M I L G B E E R K Q -
P M U K B - V F - F Y Y T V U H D - E S B R
M F B V I Y D Q R L H A F G Q B U Q N I T D
A U N C D Y B L M E K D U T Q C R N I G L S
O F I B P E T E O A Q C - Y R S D V L H Q U
L E L K O E L F U D I U Y B S I F G R T W N
Q W T - B O E A C W Y N E L R M U S E S H I
C T A W B L T D N C H D E N T P A S T E L R
H S G A S I Q N - O K D O Y T K I M N E G I
T E E P Q M S T R A D D L E S E E F E R G Q
U P U G K M M W D F N K F A R H D L C S L B
V P Y W Y Q - I V N A A P V Y T M D O F T W
```

Solutions in back of book

Guadalupe Mountains National Park

Guadalupe Mountains National Park is in the Guadalupe Mountains of West Texas and contains Guadalupe Peak, the **highest** point in Texas at 8,749 feet (2,667 m) in elevation. Located east of El Paso, it also contains El **Capitan**, long used as a landmark by people traveling along the old route later followed by the **Butterfield** Overland Mail **stagecoach** line. Visitors can see the ruins of an old stagecoach station near the Pine **Springs** Visitor Center. Camping is available at the Pine Springs Campground and Dog Canyon. The **restored Frijole** Ranch House is now a small museum of local ranching history and is the **trailhead** for Smith Spring. The park covers 86,367 acres (134.95 sq mi; 349.51 km2)[1] and is in the same mountain range as Carlsbad Caverns National Park which is located about 25 miles (40 km) to the north in New Mexico. Numerous **well-established** trails exist in the park for hiking and **horse-riding**. The Guadalupe Peak Trail offers perhaps the most outstanding views in the park. Climbing over 3,000 feet (910 m) to the **summit** of Guadalupe Peak, the trail winds through pinyon pine and **Douglas-firforests** and offers **spectacular** views of El Capitan and the vast Chihuahuan Desert.

The park also contains McKittrick Canyon. During the Fall, McKittrick comes alive with a blaze of color from the turning **Bigtooth** Maples, in stark contrast with the surrounding Chihuahuan Desert. A trail in the canyon leads to a stone cabin built in the early 1930s, formerly the vacation home of **Wallace** Pratt, a **petroleum** geologist who donated the land in order to establish the park.

Dog Canyon, on the northern park boundary at the **Texas-New Mexico** State line is reached by driving through Carlsbad, NM.

National Parks Facts, puzzle 28

```
P F O X G G C P I J P I B T H E N L - I P -
O W P F P - N B G H P O H E O M G H R A D P
A I U B F H O R S E - R I D I N G W O C S E
M L E L E T L C F G U A D A L U P E C J R -
A W U B M N A I F O B D N W N W E N G U J S
U F J H N P M - T U P T F P T G J D - T G P
G O G - I J R P T E H B L X E O L A T D W R
J O F T E W E T T A O S - N L O I E E F F I
P F A B N U E R - D B U T O O C X H X G M N
U N G A - R O A S O I S H B J D W L A - X G
M A H J F L B M G R G L J B I S O I S D B S
I L X I E M W X C A T G N - R P - A - C F D
C O E U R W E J A U O - L T F C E R N J E J
S L M S J A A O E I O G B L N E W T E T H D
D D R T J E L L H G T P S S X F W T W S C C
I T L - F G H U L O H R A C E O O R M E C H
W I G G R E M S C A E U S X I W M A E U X U
O M J E - S B H A A C B E G E B C N X W O D
L M - - C C P T F F T E W R I U T O I U W -
U U H W U O C B U U B C D T U M B J C E F B
T S M D E R O T S E R O E E R G T I O M O B
O G O X X B P A H L - G E P F S D H O B R G
U E F S T S E R O F R I F - S A L G U O D A
T M U W O J I A D B D D E L I O M D H H F A
M P A H T H C A O C E G A T S B L S C A R R
B I A - S L J N R T S E H G I H U P N E J O
I G I B J L - B X N L E W U U N M D B - W H
W E L L - E S T A B L I S H E D - D H A L A
```

Solutions in back of book

Haleakalā National Park

Haleakalā National Park is a national park located on the island of **Maui** in the U.S. state of Hawai'i. The park covers an area of 33,265 acres (134.62 km2),[1] of which 19,270 acres (77.98 km2) is a wilderness area.[3]

Haleakalā National Park, History

It was originally created as part of the Hawaii National Park along with the volcanoes of **Mauna** Loa and **Kilauea** onthe island of Hawai'i in 1916. Hawaii Volcanoes National Park was made into a separate national park in 1961. The park area was **designated** an International Biosphere Reserve in 1980.[4] The name *Haleakalā* is Hawaiian for "house of the sun." According to a local legend, the semigod Maui **imprisoned** the sun here in order to **lengthen** the day.[5] The **Hawaiian** National Park Language Correction Act of 2000 was proposed to observe the Hawaiian spelling, but it did not become law.[6]

The park features the **dormant** Haleakalā (East Maui) Volcano, which last **erupted** sometime between 1480 and 1600 AD.[7] The park is divided into two distinct sections: the summit area and the coastal **Kipahulu** area.

The two sections of the park average 1,450,000 visitors per year.

Haleakalā National Park, Haleakala Observatory

Haleakala **Observatory** is an important observation site located near the visitor center. It is above the **tropical** inversion layer thus experiencing excellent viewing conditions and very clear skies.

National Parks Facts, puzzle 29

```
Q T A T N A M R O D O D P B B S Y G K P G X
S M E B R T A T L C Z K Z D O B D B J O K R
M D I F F W F H G H Q F U W E L O W P F D D
H E C U D Z T J P F G D K J R I I D Y P D S
P U M M E I D P B W W L V A D O C S B N Q Q
M Z O V N T D G G D V X S J E Z A E X A F W
F L W C O E B S G U T J X V T H H P C G C P
I X K D S N L R Z E P T A F P N J S O A V Z
X K F T I M W N A H F P Z L U Y A T W R R U
A H I T R B N M E V O Y I X R A O E D D J X
S W H N P I X A Y G W M K G E B Q B J J T B
X W W E M R I U P U K I Q W S T N C P T D R
H M T H I N B I W K P W O E W F Q Y T E I F
L F J T O Z U U J A G G R V H A K R N K I E
B P C G Q B K H H G N V R V R O I G R F F G
T Y T N U C T U F H A K F S L W S F Z S R Q
A R W E J T L I B T T Q J Y I O S L R L W P
C B U L H U X S O K A W N I B E X X Y R S E
U L N B J E W R F N Q B H A T T Y M Q X M Y
S R P B C C Y G E T C J S P I Q X O Z N N F
H H K E G O J X V Y G A E A A I Q B V A B T
V L Q S J P S Y W B E Y A N N U A V D A B I
M R L X I A E U A L I K K U I R M W B V E E
X S L D K T Y A Y F A A A A P V X P A J A X
R I E B Y C N D O A W C Y M M V R N P H F S
G R F D E T A N G I S E D S P L A F U J B V
M Y X F O Z Q Q D T R O P I C A L C W N Q B
T W R X N E D F T R N D D B F U G Z F X X O
```

Hawai'i Volcanoes National Park

Hawai'i **Volcanoes** National Park, established in 1916, is a United States National Park located in the U.S. State of Hawaii on the island of Hawaii. It **encompasses** two active volcanoes: Kīlauea, one of the world's most active volcanoes, and Mauna Loa, the world's most massive subaerial volcano. The park gives **scientists** insight into the birth of the Hawaiian Islands and ongoing studies into the processes of **vulcanism**. For visitors, the park offers **dramatic** volcanic landscapes as well as **glimpses** of rare flora and fauna.

In **recognition** of its **outstanding** natural values, Hawai'i Volcanoes National Park was designated as an International Biosphere **Reserve** in 1980 and a World Heritage Site in 1987. [3] In 2012 the Hawai'i Volcanoes National Park was honored on the 14th quarter of the America the **Beautiful** Quarters series.

Geologic History: Hawaii Volcanoes National Park is located on the island of Hawaii, at the young end of the 1700-mile stretch of islands. The islands are fairly young, from less than 1 million years at the youngest to nearly 6 million at the oldest; new **formations** continue to be formed today. The islands are located on the top of the Pacific plate, the largest **tectonic** plate on earth. Due to sea floor spreading, the plate continues to expand which has directly **influenced** the growth of the islands. The two main active volcanoes in the Hawaii Volcanoes National Park are Mauna Loa and Kilauea. Mauna Loa has an **elevation** of 13,680 feet (4,170 m) and a 70-mile (110 km) long, 30-mile (48 km) wide **shield-shaped** dome. It is the world's largest active volcano, encompassing 10,000 cubic miles.[12] Similarly, Kilauea also has a shield shaped dome, which is 50 miles (80 km) long and 14 miles (23 km) wide.

National Parks Facts, puzzle 30

```
P V M C S I P D E P A H S - D L E I H S U I
C N I - M I S N L R V C E - I U E P P V G T
V L B N S U L H - D I L T V O M U I M - H D
D E R O U H V F E G E U A M V I E D U T D R
O E R I V L S G O V V U L C A N I S M L O -
I S H T P T E L A F C V L E D D R R G D N M
V L M I - T O T A S G C R V E R T E S L L A
I - A N D E I N N M T U S P C V R S P O D O
I O C G G O B P M - P A T P N H F E E I D I
B T A O N G H - F M M I S L E I O R B M A S
S H S C M - - D U P U H I H U F R V V N U H
C F R E M G R P G H F L T N L B M E H U M A
D G P R H M A S A P T S N B F O A C O E D D
U D H - M E M G R V R R E S N L T L L F F N
G D D R P P L C P O - N I B I U I E A - B D
P H R O C S O M I G U - C H R V O D G M H S
B E A U T I F U L N P T S E R D N H D B S E
P T D U A A B P O L O R S D A M S A C E - S
F S E R T D - E H C U T S T B B - V S M D S
T B P U A F R S E D A L C I A G G P H U F A
S D - N L M V O H C V F E E F N M V C - C P
O B H U E P A U E C O T - R T I D R S B R M
I T P G T B I T T - V B A R L G V I L I E O
P O S E L R H T I D S - R G E I I D N O F C
S S S U R O F B D C S E O N A C L O V G S N
S A P C C F R B C B S C I F E H E V I B F E
V R B A V D I V - M H C P I R - M O B M V B
T T G I T - F M - H A A V T F D I T E U I I
```

Solutions in back of book

Hot Springs National Park

Hot Springs National Park is a United States National Park in central Garland County, **Arkansas**, adjacent to the city of Hot Springs, the county seat. Hot Springs Reservation was initially created by an act of the United States Congress on April 20, 1832 to be preserved for future **recreation**. Established before the concept of a national park existed, it was the first time that a piece of land had been set aside by the federal **government** to **preserve** its use as an area for recreation.

The hot spring water has been popularly believed for centuries to possess **medicinal** properties, and was a subject of **legend** among several Native American tribes. Following federal protection in 1832, the city developed into a **successful** spa town. **Incorporated** January 10, 1851, the city has been home to Major League Baseball spring **training**, illegal **gambling**, **speakeasies** and **gangsters** such as Al Capone, horse racing at Oaklawn Park, the Army and Navy Hospital, and 42nd President Bill Clinton. The area was made a national park on March 4, 1921.[3] It is the smallest national park by area in the United States. Since Hot Springs National **Park** is the oldest park maintained by the National Park Service, it was rightfully the first to receive its own US quarter in April 2010 as part of the America the Beautiful **Quarters** coin series.

The hot springs flow from the western slope of Hot Springs Mountain, part of the **Ouachita** Mountain range. In the park, the hot springs have not been preserved in their **unaltered** state as natural surface **phenomena**. They have instead been managed to conserve the production of **uncontaminated** hot water for public use. The mountains within the park are also managed within this **conservation philosophy**.

National Parks Facts, puzzle 31

```
Z T N E M N R E V O G W K G Q I  V J T V A K
L J O S E I  S A E K A E P S U I  H D N T D N
E K E Z K Z C N Q K O Q F Z A Q B N R R R W
N Y X S I  U N A L T E R E D R Z I  E N Y T Z
M S Z Q I  N N N A T N X Y N T X S G Q Y O C
A Y U K A A C O N F P Y E J E S A E Z N M I
E Y M Z U N O O X O A J X R R M S L I  O N P
O G P L C A N D R K I  P D G S C N Z P I  G Z
F U O V M T A L I  P C T R L C O A I  Y T N I
O P A J P C X E V D O T A A I  S K E P A I  R
J Y J C C K H E S E I  R G E S Q R Y S V L G
M U I  R H X A W D T D L A R R P A G F R B Q
D J L K A I  D E B A K U Q T U C F O E E M Y
F R Q C P C T X N N Y F D F E G E N T S A J
W D L C R M Y A F I  X S A E P D W R Z N G H
G O H L R T I  E W M U S Y N M E U G P O P Q
I  N O E E B Q M W A U E P Z E U X S N C J T
G X I  N F Y G L W T A C P P M M Y G W G S H
B Z Q N T W Q F D N P C E S H L O P A F I  E
L N W S I  W T K O O U U V S H W F N U Z U D
J C J W W A P Z U C G S R X F N G D E X E R
V N M Q P G R Q Z N D O E I  W S Q E J H A U
C U A E S Z F T Z U Q Q S W T U T R V L P A
E M E D I  C I  N A L F S E E C S H S L P V D
W M V P K U K T Z O W I  R B O X O S X C Z H
U L B E T E M O A E U S P Q N V T V Q O X U
Z Y C Y H P O S O L I  H P R Y T Z P I  O Q K
K R A P I  Z F D I  J Z U D G E M K G A L F H
```

Solutions in back of book

Isle Royale National Park

Isle **Royale** National Park is a U.S. National Park on Isle Royale and **adjacent** islands in Lake **Superior**, in the state of **Michigan**. Isle Royale National Park was established on April 3, 1940; designated as a National Wilderness Area in 1976; and made an International **Biosphere** Reserve in 1980. The park covers 894 square miles (2,320 km2), with 209 square miles (540 km2) above water. At the U.S.-Canada **border**, it meets the borders of the **Canadian** Lake Superior National Marine Conservation Area.

Isle Royale National Park, Geology

Bedrock on Isle Royale is basalt or sandstone and conglomerates on the 1.1 billion year old **Midcontinent** Rift. Most of the island is covered with a thin layer of glacial material. A number of small native copper mines were active in the 1800s but mining was never really **prosperous**. Recent analyses by the USGS of both **unmineralized** basalt and **copper-mineralized** rock show that a small amount of **naturally-occurring** mercury is associated with **mineralization**.

Isle Royale greenstone (**chlorastrolite**, a form of pumpellyite) is found here, as well as on the Upper **Peninsula** of Michigan. It is the official Michigan state gemstone.

Isle Royale National Park, Camping

The park has 36 designated wilderness campgrounds. Some **campgrounds** in the interior are accessible only by trail or by canoe/kayak on the island lakes. Others campgrounds are accessible only by private boat.

National Parks Facts, puzzle 32

```
-  R  E  D  C  J  -  S  Z  H  G  Z  G  E  R  M  D  R  -  U  A
Z  T  A  -  Y  P  M  I  N  E  R  A  L  I  Z  A  T  I  O  N  N  P
A  N  N  E  H  L  S  P  S  L  D  A  U  C  H  P  A  E  G  D  M  S
P  B  J  M  E  I  E  A  S  T  D  A  M  N  T  L  -  U  B  E  I  D
D  O  L  I  Z  Z  S  B  S  U  J  H  D  P  U  D  I  M  Z  Z  N  Z
L  R  B  D  I  E  A  G  D  C  J  R  A  S  T  O  M  Z  C  I  E  G
O  D  J  C  U  S  N  U  J  D  B  H  N  E  T  G  O  H  B  L  R  N
P  E  B  O  L  L  P  -  L  G  I  I  S  Y  R  S  L  Z  S  A  A  I
S  R  A  N  N  B  R  M  O  N  N  M  O  O  S  O  Z  I  N  R  L  R
Z  T  Y  T  -  A  C  Z  M  E  J  U  U  S  R  G  J  U  G  E  I  R
M  Y  P  I  E  H  I  L  P  B  C  E  N  A  P  I  L  O  J  N  Z  U
P  A  M  N  I  R  T  D  O  T  M  H  S  P  Y  H  D  T  J  I  E  C
Y  Z  N  E  B  O  U  M  A  E  O  T  -  Z  M  -  E  B  E  M  D  C
U  S  S  N  -  Y  G  T  O  N  R  H  P  J  B  O  Z  R  I  -  A  O
M  D  L  T  G  A  L  H  G  O  A  M  U  U  T  -  O  A  E  R  A  -
H  I  C  A  A  L  A  I  L  I  L  C  M  I  C  R  D  U  C  E  D  Y
B  P  C  D  S  E  B  I  P  E  T  Z  H  T  H  B  H  A  S  P  J  L
J  L  Z  H  J  U  T  Y  N  R  J  C  J  H  D  E  M  M  G  P  N  L
H  M  Y  S  I  E  O  Y  O  D  H  I  S  I  S  P  G  B  C  O  E  A
Y  R  A  B  U  G  D  R  A  H  T  I  P  G  G  B  T  B  C  C  M  R
-  J  R  A  U  L  A  O  E  P  P  A  N  R  L  R  N  T  A  G  J  U
M  D  Y  L  M  A  Z  N  N  P  N  R  O  A  H  T  E  D  U  O  O  T
-  L  R  O  I  R  E  P  U  S  S  U  N  C  T  R  C  T  A  Y  B  A
G  D  U  G  H  D  U  E  T  Z  N  O  N  D  P  Y  A  -  U  R  H  N
L  O  N  M  H  T  U  B  Z  D  P  S  R  J  O  R  J  A  N  L  S  M
Z  Y  Z  P  P  G  T  Y  S  T  I  B  T  P  P  H  D  R  R  S  E  A
P  E  E  Z  S  P  T  O  C  S  H  -  E  D  G  P  A  P  R  E  L  H
E  B  A  -  P  H  H  E  B  T  P  D  L  Y  C  B  U  -  U  T  Y  Z
```

Solutions in back of book

Joshua Tree National Park

Joshua Tree National Park is located in **southeastern** California. Declared a U.S. National Park in 1994 when theU.S. Congress passed the California Desert Protection Act (Public Law 103-433), it had previously been a U.S. National Monument since 1936. It is named for the **Joshua** trees (*Yucca brevifolia*) native to the park. It covers a land area of 790,636 acres (1,235.37 sq mi; 3,199.59 km2)[1] – an area slightly larger than the state of **Rhode** Island. A large part of the park, some 429,690 acres (173,890 ha), is a **designated** wilderness area. Straddling the San **Bernardino** County/Riverside County border, the park includes parts of two deserts, each an ecosystem whose **characteristics** are determined primarily by elevation: the higher Mojave Desert and lower Colorado Desert. TheLittle San Bernardino Mountains run through the southwest edge of the park.[3]

Joshua Tree National Park, Camping

Nine established campgrounds exist in the park, only three provide water and flush toilets. A fee is charged per night for each camping spot.[10] **Backcountry** camping, for those who wish to **backpack**, is permitted with a few **regulations**.[11]

Joshua Tree National Park, Hiking

There are several hiking trails within the park, many of which can be accessed from a campground. **Shorter** trails, such as the one mile hike through Hidden Valley, offer a chance to view the **beauty** of the park without straying too far into the desert.

National Parks Facts, puzzle 33

```
Q P X X B E R N A R D I N O K G W X X Q O U
Q D F V N P X A D B O Z Z V L J A I I T Q X
H Y W I M C R E T R O H S C Q I L N W V Z S
R T D X Q N G I U W U X N Z W C S C M T G B
G H D O Y U K F Q N S H S R O W M S J T C L
P L V W I E O D S V O V B L H I N C F W L V
D H M P K X Z D C D R W I W J O S H U A T O
A T P D B H T O E W X C E I I H Q A K B G H
D C Z M J E G G N F D Y E T U I C R B P W D
T G Q Y H E E D O H R T A F U B X A H F V Q
T G M K B X L N S C J L N J B Q N C B F G Z
C H L Q Y N K J S B U S L H C R T T E N A A
Z S E Z Q E U E I G M Z V J S F Q E I T I E
T Q O E C N T V E K X E F P O M U R U F P T
G F Q Z S C R R B O H P Z E E T Y I P U N U
C A O A L B C E L A X O P J E Y F S A Y Z Y
B A J U C Y G I T V D B Y F T P D T W F W A
F K Q D V K R O P S M L E B J C U I U U A D
O C H E Z S W T C H A U X W S U I C S Z Y Q
O Z V T M T U F N E T E L B O I A S G X T H
R K J A M A N B J U R Z H C C Y T U A E B X
U L A N K C H E Z O O I R T K H K N T C F N
I M A G Z T T K C O W C D B U T Y I I L X R
L K Z I R B I S K W F R K Z U O U S V N D I
S I A S E S W I D L X Q O C U J S F Y P Y U
U M O E L A G A K C A P K C A B Q M D Z H H
M K Y D Z N R U C X R M D F L B Z S J E R S
F K R I A L J W K Y W H Q R G E I U A W W P
```

Solutions in back of book

Katmai National Park and Preserve

Katmai National Park and Preserve is a United States National Park and Preserve in southern Alaska, notable for the Valley of Ten **Thousand** Smokes and for its **Alaskan** brown bears. The park and preserve covers 4,093,077 acres (6,395.43 sq mi; 16,564.09 km2), being roughly the size of Wales. Most of this is a designated wilderness area in the national park where all hunting is banned, including over 3,922,000 acres (1,587,000 ha) of land. The park is named after Mount Katmai, its **centerpiece** stratovolcano. The park is located on the Alaska Peninsula, across from **Kodiak** Island, with **headquarters** in nearby King Salmon, about 290 miles (470 km) southwest of Anchorage. The area was first designated a national monument in 1918 to protect the area around the major 1912volcanic eruption of **Novarupta**, which formed the Valley of Ten Thousand Smokes, a 40-square-mile (100 km2), 100-to-700-foot-deep (30 to 213 m) **pyroclastic** flow. The park includes as many as 18 individual volcanoes, seven of which have been active since 1900.

Katmai is also well known for Alaskan brown bears and the salmon which attract both bears and people. Katmai contains the world's largest protected brown/grizzly bear **population**, estimated to number about 2,200.[31] Bears are especially likely to **congregate** at the Brooks Falls viewing platform when the salmon are spawning, and many well known **photographs** of Alaskan brown bears have been taken there. The salmon arrive early at Brooks Falls compared to other streams, and between 43 and 70 individual bears have been documented at the falls in July and an equal amount of bears are seen in the lower river in September.[32]

National Parks Facts, puzzle 34

```
H Z D C T I S K U O Y I W P E H G G W W S C
M Q C S H J V S M T V M H B N P Y K N Z V A
W N W Q N M W S H O U V S N G Y R U D W J U
F L C E M W M J N Q J V U Z D W C T T F M L
C E N T E R P I E C E W F T L V J U N A W G
O H B G S R E T R A U Q D A E H X C N Y W H
K N V V N A K S A L A P G Y C C C E I L H E
Z I F E O I C Y Y D H B S I K N M M P F L A
A T H J A J F L W O K Z T I A H Q N S E G A
P C V M W N K K T L Y S R A I R F Y Q T A Q
X W T H Y W H O S O A H J E D V V Y Z B K X
F A Q U M K G O F L R O P R O H P K W T J Y
K A Z D P R S K C N L P U N K U Y W T G T N
R N G P A B H O C O N G R E G A T E R Z Z Y
I U D P X O R G B V Q A A D Y C C F E W F R
H B H Z Z Y Z X J A O T P V D E O L M E E T
C S V J P B R J I R Q V K D N K J V H Q E F
Y S C R X O F X A U N E X V A B E U B O M G
B G U G B A P B J P N H G D S S M Z Q X A V
A Y C A G J Y U H T L U T B U K H Q K S N Y
G Y F M P E Z X L A Q T H D O D W B P S Z S
K D X M B W A F E A X A L S H T W A S F R X
Z F Y S C U N X B L T H L U T J D U H M V F
G R Z V M Y A D Q T S I K G E L F K A P B J
M W J S B N K T O G B A O Z E V K T C W U F
Q W M N K A N Z M P P R H N X P W W B G O C
C Q N B H G D O K S H H V Z D H W O F P T T
O G W J R X E R K C N I O Q R I M Y Z C E P
```

Solutions in back of book

Kenai Fjords National Park

Kenai **Fjords** National Park is a United States National Park established in 1980 by the Alaska National Interest Lands Conservation Act. The park covers an area of 669,984 acres (1,046.85 sq mi; 2,711.33 km2)[1] on the Kenai Peninsula in **southcentral** Alaska, near the town of Seward. The park contains the Harding Icefield, one of the largest ice fields in the United States. The park is named for the **numerous** fjords carved by glaciers moving down the mountains from the ice field. The field is the **source** of at least 38 glaciers, the largest of which is Bear Glacier. The park lies just to the west of **Seward**, a popular port for cruise ships. Exit Glacier is reachable by road and is a popular tour **destination**. The remainder of the park is primarily accessible by boat. The fjords are glacial valleys that have been submerged below sea level by a **combination** of rising sea levels and land **subsidence**.

Kenai Fjords National Monument was initially designated by President Jimmy Carter on December 1, 1978, using the **Antiquities** Act, pending final legislation to resolve the **allotment** of public lands in Alaska. Establishment as a national park followed the passage of the Alaska National Interest Lands Conservation Act in 1980. The park protects the icefield, a narrow **fringe** of forested land between the mountains and the sea, and the deeply indented coastline. The park is home to a variety of **terrestrial** and marine **mammals**, including black bears, whales (humpback and killer whales), seals and moose.

Seward is a departure point and destination for large cruise ships from **Celebrity** Cruises, Holland America Line, Royal **Caribbean** International and others.[25] Cruise tours originating from Seward provide access to the park via Resurrection Bay.

National Parks Facts, puzzle 35

```
U A K S E WA R D D V V H H V WL L C R Z P
T X R A S S U O R E M U N E Z Y L X L M WV
WO K S A Z K Y I A WA G A G I S J Q T X W
L S WE T Y D L T WP G J M Z H J N L N V G
WC E T J WC O I I L E Q U G V B Q WQ F Q
N WF J A R Q E M L R I T U J F Z G J D T X
T E C M P N V E S L T B E B B P X T H J E M
R S E G K T K I N WT M E P B N B P T E R N
U V F J O R D S G Y B N X L G O S L T B R U
U Q E S I N A E B B I R A C E Y X N P D E O
N L A R T N E C H T U O S WV C E O S J S K
R S WF S U R M C G I T X N U M Y T L C T Z
K O M V Q C D O U X C E F U T U X F A A R S
N U G C L F D WL C M Y Y O G O G F M S I X
O R Q I Q G C R P B E G L Y WE V O M V A D
I C V H N N S P C H E L Q WO J C D A M L N
T E F WS E E D H U A L I G V Y J O M Y H I
A Y L O C X Q E T Y G Z C C S N V E WA O B
N H E Z U T F S B R M J N E M F U I D C H N
I Q U S N T Z T D L M X I U R V H I R A WF
B N S Z X I N I E L U T V I P P E Z D J I H
M V A M N O F N D E I WN Z L Z J P A B L B
O V A M Y L G A B U Y G S M F L X T E C S V
C WD WK P WT Q V E S D U Z R A H I Q G W
C M N Y S U Z I S U B S I D E N C E N B A J
V T L B WB T O M J P A E G P Q E X E P S K
I L U K U N P N P D H B T E H I X A A C M U
M H M F A G T M O P Z X D E A F K M Z X L P
```

Kings Canyon National Park

Kings Canyon National Park is a national park in the southern Sierra Nevada, east of **Fresno**, California. The park was established in 1940 and covers 461,901 acres (721.720 sq mi; 186,925 ha; 1,869.25 km2).[1] It **incorporated** General Grant National Park, established in 1890 to protect the General Grant Grove of giant **sequoias**.

The park is north of and contiguous with Sequoia National Park; the two are administered by the National Park Service jointly as the Sequoia and Kings Canyon National Parks.

Kings Canyon National Park, Recreation

Sequoia and Kings Canyon National Parks campgrounds are located in oak **woodlands** in the warm, dry foothills and in the higher, cooler **conifer** forests. They range in **elevation** from 2,100 to 7,500 feet (640 to 2,290 m). **Lodgepole**, Dorst, Grant Grove and **Atwell** Mill campgrounds are near giant sequoia groves. In general, higher elevation campgrounds are cooler and closer to giant sequoias.

Kings Canyon National Park, Geology

Kings Canyon is a wide glacial valley featuring tall cliffs, a **meandering** river, green vibrant **meadows** and waterfalls. A few miles outside the park, Kings Canyon deepens and **steepens** becoming arguably the deepest canyon in North America for a short distance.[9] Most of the mountains and canyons in the Sierra Nevada are formed in **granitic** rocks.

National Parks Facts, puzzle 36

```
H M T P A H E O K O O X V F K N A W R G L Z
B E U R A U P J V U D R C X L S V W G J H Z
P A D L O R O U X E L E V A T I O N V R H Q
A N D E N I G A Q S L S J D A G L M N E U Q
Z D I Q T B G F E M N L P E L Y G M U I O A
C E P N X R R Q P T O K P T H P G L Z B F R
Q R V Q K E U S Z G H E O A W P Q N H Q I H
V I S B S O S B C K O C G R K S T K U Q B O
J N H N I M E D J U S Q Z O S W L C E W W H
D G O A A O A D P W E F M P T O Q R N O R C
O B S X P F U O Z K R A M R V D C A Q E A X
J E V M L O L Y Y B W U F O R A P O M Z O I
R J L L E W T A V U J Q R C R E X O G T P N
U Y R E N J K U U U W H T N Y M O R X Q X S
C D J K X M A A Y A T T K I I X A V J K Y B
V O E K G Q U H W E Z M V L E N E I L P P X
M L U G P W K F L F V P T A I V E S X R F X
D O I C E B E N K W A C N T V F F M Q W L Z
K D I G F E V L R O O I I B B V K X F D S I
A G Z E U E P Q T O O C N N B D F J G P L Q
F E N Y R V B C D D T H G F A J A H W I U I
Z P Z P O Z G X X L Z F S G I C A C I L Q L
E O U O H I L J X A T D B A D X C F M P A D
A L T X T M B N G N Y Y J T E T Q H V L G H
V E C N N U Y P L D E T M M T Q E M H A I F
T Y R E F I N O C S A R F P L D T B I T V S
U N J F S N E P E E T S T N M H C B Y K G C
E U V B G V H F G F J X O Y T Z H M B G W F
```

Solutions in back of book

Kobuk Valley National Park

Kobuk Valley National Park is in **northwestern** Alaska 25 miles (40 km) north of the Arctic Circle. It was designated a United States National Park in 1980 by the Alaska National Interest Lands Conservation Act. It is noted for the Great Kobuk Sand Dunes and caribou **migration** routes. The park offers backcountry camping, hiking, backpacking, and dog **sledding**. There are no designated trails or roads in the park, which at 1,750,716 acres (2,735.49 sq mi; 7,084.90 km2), is approximately the size of the state of Delaware. The park is entirely above the Arctic Circle. No roads lead to the park. It is reachable by foot, **dogsled**, **snowmobile**, and chartered air taxis from **Nome** and **Kotzebue year-round**. The park is one of the least visited in the National Park System.[2]

Kobuk Valley National Park, Ecology

The park lies in a transition zone between **boreal** forest and tundra.[3]

The fish and wildlife in the park are typical of arctic and **subarctic** fauna. The major economic species are caribou, moose, and fish species such as salmon and **sheefish**.[3] The most visible animals are the 400,000 caribou of the Western Arctic **herd**. The herd migrates annually between their winter breeding grounds, south of the Waring Mountains, and their summer calving grounds, north of the **Baird** Mountains. The herd's annual crossing of the Kobuk River is central to the **Inupiaq** people's subsistence hunting.[13] Large mammals in the park include gray wolves, caribou, moose, black bears, and brown bears.[14]

National Parks Facts, puzzle 37

```
E N U Q R S L M G G S L E D D I N G H Y E I
N A E O U M K R Q D S L S W K U P P D D O Q
E K S Q Y D D N U O R - R A E Y Y W P L C B
Y Z C E E U B E Z T O K H L F F M N F Z R O
S E I M M O A U R O T D C H O G O I A D E C
H H D I Z E M R K U B O K Q D R - Q L D S H
R S C G I P P E U W Q D L U T Q I Q W Z K G
O M I R U H K S S N Y N T H U N Q O P P - O
R F A A B M G L K M L L W Y D Z Y I M Y L M
M R O T A S Q W P N W E P U - A P W K U M Q
S Z P I B Y H C Z M S F E C G S O C F F M Y
I Y U O D D T U - T F - I I C W D D U P C L
Z B S N D P I O E F C T F T H R G R B - A I
O Q N B R O S R K T C N K M O K T - E P - N
F U P W W P N K M R C S A M T U Z Y Q H F A
M G L K W K S Z A W D H B K R S R K W F Y S
T D D E G Y G B S I W R Q Z A I B O S M E F
L A A O B K U C C N S G D Z W O A A F I Z A
N L M S G S U O G U N Z D B R N H M Z Q Q P
H T Z N R S U K N P O Q I E E C B E H D Y Y
S P I K Y R L N O I W N A G H Y K G M K P C
I R B T M A - E E A M L Y O C A L P W O E L
F Q A L W Q R W D Q O U R G M R P C W R N U
E E I Y E W Y Q H M B G B R L Y U S T A F U
E Q R L U O N F M - I P T T N H O T E C T -
H E D O Y Z - U R B L T I K H Z E F G - A B
S R R Q S P U P D R E T Y O T U I G C U B Q
T C R H S D E G O Y T M Q M E Z B F H W M Z
```

Solutions in back of book

Lake Clark National Park and Preserve

Lake **Clark** National Park and Preserve is a United States National Park in southwestern Alaska. It was first **proclaimed** a national monument in 1978, then established as a national park and preserve in 1980 by the Alaska National Interest Lands Conservation Act. The park includes many streams and lakes vital to the **Bristol** Bay salmon **fishery**, including its **namesake** Lake Clark. A wide variety of recreational activities may be **pursued** in the park and preserve year-round. Located about 100 miles (160 km) southwest of Anchorage, the park includes a variety of **features** not found together in any of the other Alaska Parks: the junction of three mountain ranges, a **coastline** with **rainforests** along the Cook **Inlet**, a plateau with alpine tundra on the west, glaciers, glacial lakes, major **salmon-bearing** rivers, and two volcanoes, Mount Redoubt and Mount Iliamna. Redoubt is active, **erupting** in 1989 and 2009. The wide variety of ecosystems in the park mean that virtually all major Alaskan animals, terrestrial and **marine**, may be seen in and around the park. Salmon, particularity **sockeye** salmon, play a major role in the ecosystem and the local economy. The Kvichak River is the world's most **productive watershed** for sockeye salmon. Large populations of brown bears are attracted as a result, to feed on the **spawning** salmon in the Kijik River and at Silver Salmon Creek, and as a result bear viewing is a common activity in the park.[3]

No roads lead to the park and it can only be reached by boat or small aircraft, typically **floatplanes**. The major settled area in the park is Port **Alsworth** on Lake Clark in the southwestern corner of the park. Prior to the park's **establishment** isolated cabins were scattered around the region.

National Parks Facts, puzzle 38

```
H B A Y F F K Y S I A B C T P K A C C E M I
P B F W T D Y B D V L B C Y N D F D V R I D
U B U G C I E T R Y H L A T - K P - - U P A
C T L C N A M E S A K E B F F R G E O P U N
R A D P A I H T R O W S L A O A - P I T G O
R F Y R D K N L K Y I U W D B I H Y W I K B
M W K D U R V W B Y O R U D C N O N B N P R
U W G K G S E L A O V C K C T F - V V G D A
T D B R I S T O L P T I I D A O R F P I L F
T R M A H N O B - I S N A V N R P U P T K G
N E A L E M H C V B L F F R E E R K N B R E
R U D C B Y V E K E H K S - L S P D A W H U
H - E O C - C S T E Y S - T U T S - L H B -
C G M A D L K T N W Y F U E T S - S G R K E
C N I S Y R O A E A D E D W N R F P V C M
U I A T V C K B G R K P - F L O F E T L S L
Y R L L G G T L C H V D G O R A Y V W A K K
K A C I P R G I S O F W A T E R S H E D S S
K E O N D F B S W D R T Y R E H S I F H O N
L B R E A V W H O Y P W N O K A B T I S Y B
H - P V - U T M Y L - N P Y R L W M L O V U
U N C A O S W E A B G O U S C M T D O C M V
F O O I F C Y N Y K H Y W G B A H U - P O R
A M A P L Y E T D D R K G U C R Y E T E L P
D L M H T S O B S P P M R U G I T C W O V K
L A T R I K G - P - W O T R P N C S G E M U
W S F K I T F E A T U R E S M E Y I V I B G
N T P U - F F M O H U P E L N L F V W D L S
```

Solutions in back of book

Lassen Volcanic National Park

Lassen Volcanic National Park is a United States National Park in northeastern California. The **dominant** feature of the park is Lassen Peak, the largest plug dome volcano in the world and the **southern-most** volcano in the Cascade Range.[3] Lassen Volcanic National Park started as two separate national monuments designated by President Theodore Roosevelt in 1907: Cinder Cone National Monument and Lassen Peak National Monument.[4]

The source of heat for **volcanism** in the Lassen area is **subduction** off the Northern California coast of the **Gorda** Plate diving below the North American Plate.[5] The area surrounding Lassen Peak is still active with boiling mud pots, stinking fumaroles, and **churning** hot springs.[6] Lassen Volcanic National Park is one of the few areas in the world where all four types of volcano can be found (plug dome, shield, cinder cone, and strato).[7]

The park is accessible via State Routes SR 89 and SR 44. SR 89 passes **north-south** through the park, beginning at SR 36 to the south and ending at SR 44 to the north. SR 89 passes immediately adjacent the base of Lassen Peak.

There are a total of five vehicle entrances to the park: the north and south entrances on SR 89, and **unpaved** roads entering at **Drakesbad** and Juniper Lake in the south, and **Butte** Lake in the northeast. The Park can also be accessed by trails leading in from Caribou Wilderness to the east, as well as the Pacific Crest Trail, and two smaller trails leading in from **Willow** Lake and Little Willow Lake to the south.

```
H A G W M M C - U O M E O K N L D S D V W R
K I R C O P P C E N P H K - - A B T R S U L
O V K M T D G W E C P O W B C B A D S R R R
K I K S W H H S V P - C D G H W R E V D G M
O C C A I A O G - O C R W P U K W V B T O E
M D T A M R S L A E C N I G S - S A B T D I
U U A B L B S A D V I B R A L R K P I N H R
C W L U R C C T R U M S R B B P D N M D - C
H G B E A L E I M I L M K H S M B U T T E S
U W O D G B P S W E C - D T E D - R U H D R
R C U K W C U - T K - M P C O W A C - N M C
N D A D L W B H O S K R O P D C G E E V W O
I O T - S T B K R U N G C E I U D M K U U P
N G R B - L L B N P N N H T E N A B U H - S
G T O T W W G V L K L B U C L S H T P M G O
H O G E H A P S K W G V G W - D S U E S - U
V L R D L - O R - R A D K H P I D A C I D T
L A T D N L S G O U V K D H E O U L L N A H
- V A V A T U O H P D G N O O N I W L A B E
A K R G - B B K U E H N A A M - - M T C S R
E B N - P L D V D T N G E N I I L T D L E N
E W H A O U U E H - H H I W P - N T U O K -
M D D E T I C A U G M A U N G E B A K V A M
I W C A B G T O I G B L R M S U E H N - R O
U C M P V M I R N N M L S S I S A E K T D S
O U M B B U O T G K T U A C E L G K P B D T
G P I P - D N A M W I L L O W L T S R V R V
R U - G I U C L N S D I M - V U D C U S C K
```

Mammoth Cave National Park

Mammoth Cave National Park is a U.S. national park in central Kentucky, **encompassing** portions of Mammoth Cave, the longest cave system known in the world. The official name of the system is the **Mammoth-Flint** Ridge Cave System for the ridge under which the cave has formed. The park was established as a national park on July 1, 1941. It became a World Heritage Site on October 27, 1981, and an **international** Biosphere Reserve on September 26, 1990.

The park's 52,830 acres (21,380 ha) are located primarily in **Edmonson** County, **Kentucky**, with small areas extending eastward into Hart County and Barren County. It is centered on the Green River, with a tributary, the **Nolin** River, feeding into the Green just inside the park. With 400 miles (640 km) of **surveyed passageways** Mammoth Cave is by far the world's longest known cave system, being over twice as long as the second-longest cave system, Mexico's Sac **Actun** underwater cave.[3][4]

Mammoth Cave National Park, Visiting

The National Park Service offers several cave tours to visitors. Some notable features of the cave, such as Grand Avenue, Frozen **Niagara**, and Fat Man's **Misery**, can be seen on lighted tours ranging from one to six hours in length. Two tours, lit only by **visitor-carried** paraffin lamps, are popular **alternatives** to the **electric-lit** routes. Several "wild" tours venture away from the developed parts of the cave into muddy crawls and dusty tunnels. The **lectures** delivered by the National Park Service cave guides are varied by tour, so that in taking several tours the visitor learns about different facets of the cave's formation.

National Parks Facts, puzzle 40

```
L O V A A W G W G - C D H O W O H I G D U G
R C A U E H M V A C E H W N R F W L G M P L
N A W E V N W T O A F M N F I T H V I P K U
N P - R C N P F Y G M O O H - L I A K R U H
W F U S M E D I L V L G P W F Y W D E L O D
Y K G Y K S G E A T U V U H C W V N I H T W
O C T M S S E T O F - A O E I I H Y D Y M F
- C P L K L A E M U S C I V S N G I V O M U
S U - W V P R S I U R S O I U T P O L K Y W
D F W F - F I R I - E E T H R E M M E F G H
A V C T E - E F I M S O D D V R L V C P T Y
L V M - K W L P K G R C P M E N C K T U E -
I D W R O W E Y K - Y - A N Y A - - U - G T
T K N G W D C A C - P M S I E T I N R E I -
R C G L E H T A R N M M S G D I N K E U L D
G O K L R P R L W O I R A M E O U V S P E L
M O Y C M R I A T U S K G T N N R C U O O V
T L P W I K C H - E E S E Y C A A D F U Y T
M D P E - R - W E W R M W D O L R E - Y H O
W M D K W F L L K O Y H A E M T K C Y A - O
U R R V L - I K Y Y - D Y T P O E S L O M N
G L I I S R T K O Y Y S S S A N N W - C S G
D O N I A G A R A G C G S D S Y T S A S V G
L T E I C S P M - I Y T R S S L U I O L U V
F W A L T E R N A T I V E S I W C G O N C F
U A L G U U V D M L T E A C N T K Y N R Y I
N F R E N I L O N T V A - G G D Y R O F G T
L C N M V N K H M Y V N A C F H A H L K C V
```

Solutions in back of book

Mesa Verde National Park

Mesa Verde National Park is a National Park and World Heritage Site located in **Montezuma** County, **Colorado**. It protects some of the best preserved Ancestral **Puebloan archeological** sites in the United States.

The park was created by President Theodore Roosevelt in 1906. It occupies 52,485 acres (21,240 ha) near the Four Corners region of the American Southwest, and with more than 4,300 sites, including 600 cliff **dwellings**, it is the largest archeological preserve in the US. Mesa Verde (Spanish for "green table") is best known for structures such as Cliff **Palace**, thought to be the largest cliff dwelling in North America.

Starting c. 7500 BCE, Mesa Verde was seasonally inhabited by a group of nomadic **Paleo-Indians** known as the **Foothills** Mountain Complex. The variety of projectile points found in the region indicates they were influenced by surrounding areas, including the Great Basin, the San Juan Basin, and the Rio Grande Valley. Later, Archaic people established **semi-permanent** rockshelters in and around the mesa. By 1000 BCE, the **Basketmaker** culture emerged from the local Archaic population, and by 750 CE the Ancestral Puebloans had developed from the Basketmaker culture.

The Mesa **Verdeans** survived using a combination of hunting, gathering, and subsistence **farming** of crops such as corn, beans, and squash. They built the mesa's first pueblos sometime after 650, and by the end of the 12th century they began to construct the massive cliff dwellings for which the park is best known. By 1285, following a period of social and **environmental instability** they abandoned the area and moved south.

National Parks Facts, puzzle 41

```
W N W B T E H P H Z A B - K P A Z T U S L H
Z K O O N P W U A O L H Z L M F T R N B E M
M F T H Z C I E L L E L A G L R L Z I R - L
F Z B B P D W B H U E S G C D Y A H T U O E
S P I U P R E L E I P O Z F V H L T R B H T
Z M O - M S R O C P Y - - B F T E M I H C S
F Z E A P T N A I R I D F I M C N P Y - R L
R N I K P P D N F E H T - N N - P F B P P U
G L O - I O Y H U C Z N L F A D W H F K I D
N R H Y T S G N I L L E W D Y O I W I K I C
I E W P B R E N Z W D Z Z T S Z H A E G W B
M O N T E Z U M A I A C Y Y P F S V N M Y A
R - A S O R F U G V E C A L A P E D V S T S
A Y S W F S L L I H T O O F C U M P I F I K
F C - O S D R C H H H L - V A F I F R G L E
Y W A L G B R F T G A O K E R L - A O C I T
S H E G S I I S V F - R T G C F P O N V B M
O - A W N W V A D P B A M M H U E R M B A A
H P C G A A F E - M D D M M E S R U E Y T K
P K I N V - M U R W G O W M O R M K N S S E
S I G F A R B F S D K R F A L T A - T B N R
M K I H U K P C E U E Y S K O G N K A P I N
T S H Z - W F O E W C A G C G S E Z L F K I
I W N C G M S C O L O Y N B I N N O W W B U
D D G O R H V R Z G K T C S C G T Y B P - W
M V P E A S R R P D L S O Z A A B F Y I K A
Z I H G Z P H U F K N V C R L Y D - W T S T
L S K D - U Y G P N F M D P R Z H D W Y P Y
```

Solutions in back of book

Mount Rainier National Park

Mount **Rainier** National Park is a United States National Park located in southeast Pierce County and northeast Lewis County in **Washington** state.[3] It was established on March 2, 1899 as the fifth national park in the United States. The park encompasses 236,381 acres (369.35 sq mi; 956.60 km2)[1] including all of Mount Rainier, a 14,411-foot (4,392 m) **stratovolcano**.[4] The mountain rises abruptly from the surrounding land with elevations in the park ranging from 1,600 feet to over 14,000 feet (490 - 4,300 m). The highest point in the Cascade Range, around it are valleys, waterfalls, **subalpine** meadows, **old-growth** forest and more than 25 glaciers. The volcano is often **shrouded** in clouds that dump **enormous** amounts of rain and snow on the peak every year and hide it from the crowds that head to the park on weekends.

Mount Rainier is circled by the Wonderland Trail and is covered by several glaciers and **snowfields** totaling some 35 square miles (91 km2). Carbon Glacier is the largest glacier by volume in the **contiguous** United States, while **Emmons** Glacier is the largest glacier by area. About 1.8 million people visit Mount Rainier National Park each year. Mount Rainier is a popular peak for **mountaineering** with some 10,000 attempts per year with approximately 50% making it to the summit.

The park contains outstanding subalpine meadows and 91,000 acres (37,000 ha) of old growth forests.[5]

National Parks Facts, puzzle 42

```
E E I A U S V B P B V U W P - H F U G G B O
R V W D E D U O R H S F - F S A W O E I O C
I O H M H U V - R M W D N D G S C W W N R W
E A S - V - N V N - P T V L D H V H W O H N
A - C T E N O R M O U S B L E V C F P M S O
G H H O V L A I U D - L E O L E D U O N W T
U H D B N P C F T - H I T - P G E F A N T G
S L M A N T O R U I F N F I N F P P N U A N
D V E P O B I N U W S V V H F O E W H C E I
T W O C L E N G O I A B B I D C M D - L - H
W I V E D N P N U V H N W H A - U P H R G S
- H - - - C S W - O N O L V W C L S G C I A
N W - T G S H T P L U O R U C S G B M S D W
V W F D R - B G D O H S A C A O V H W N P G
F T R S O F E I L C C E R R N - - U E O V O
I W A T W E C H U H M U O E C T U W R B R M
O - M R T O A O I W E P T I E N F H U N I P
P I B A H B B C F M B U C N M D G P W M I M
P F F T I W D W M W - N I I B B M C C P E W
U V I O S S B O I L R P M A H N B W - H C S
T - U V C G N E I M L A W R P V U C F B - P
S F I O - S B N I A I H M H V G L - S U S M
F C T L W E C N B I - U M B P M R G - U S G
- V R C D A P U B T L A R - D V R I L O P V
- G C A G T S M O U N T A I N E E R I N G T
L M - N - I C W E U R - L L - P O W W M L R
T B M O A B S A R - P I G L S L A A C G W R
R U P I D B M G V U P L A T D D G F U W H V
```

Solutions in back of book

North Cascades National Park

North Cascades National Park is a U.S. National Park located in the state of Washington. The park is the largest of the three National Park Service units that **comprise** the North Cascades National Park Service Complex. Several national **wilderness** areas and British Columbia parkland adjoin the National Park. The park features rugged mountain peaks and protects portions of the North Cascades range.

North Cascades National Park, Attractions

Nearly all of the national park is protected as the **Stephen** Mather Wilderness, so there are few maintained buildings and roads within the North and South units of the Park. The park is most popular with backpackers and mountain climbers. One of the most popular **destinations** in the park is Cascade Pass, which was used as a travel route by Native Americans. It can be accessed by a **four-mile** (6 km) trail at the end of a **gravel** road. The North and South **Picket** Ranges, Mount **Triumph**, as well as **Eldorado** Peak and the surrounding mountains, are popular with climbers due to glaciation and technical rock. Mount **Shuksan**, in the northwest corner of the park, is one of the most **photographed** mountains in the country and the second highest peak in the park 9,127 ft or 2,782 m.

Although a couple of gravel roads open to the public enter the park, most **automobile** traffic in the region travels on the North Cascades Highway (Washington State Route 20), which passes through the Ross Lake National Recreation Area.

The nearest large town on the west side of the park is **Sedro-Woolley**, Washington, while Winthrop lies to the east.

National Parks Facts, puzzle 43

```
P S Y M C D G W O A F E E - R P - H W H S R
M A F T S E - G C S E P U - V B S I V N G S
C B S P O K V L N H M O C U R F - S M Y B S
I D V I O W B N H V B H A K A C S L E F P U
W C L H I A H K W D L D V D N E K T B E H O
K T Y - O U B P - N K M O L N R N R H M L -
K T A V F T P E N A F U F R E K B M N D V B
F N M C F O W I B K H I E I L H H E W F G S
G W W R M M D I F O N D I E A L F U T Y P U
D I K O A O T - W R L L V E S Y I Y P K I U
L D D C - B N R A I D A I V P W D F U V C N
Y I K T - I E O W I R G M H S Y M M A L K H
M G U D E L V Y R G D E T E T I - H N Y E B
R R H P G E S N O I T A N I T S E D K P T G
O V W W R D W E S I R P M O C P T N H N M -
V D E C N S L F I B A I W G B W D F C R D W
S F A V T P Y L V A H I L V R B F C G B B Y
E T L R H B D R D H N S T T M F G U O L Y B
K T E I O U Y T N P E W E L I M - R U O F N
K E O P O D Y M B M R H F L V R N K A M E D
G U N G H Y L I - U Y Y V U G F A R O V K -
H T A R P E V E L I O S I W A G E S N L R A
S R S L W R N - K R H F C E C P U Y U K V A
V B K E I P H V B T E Y I F K S C L S E N C
V S U L K B L H R U D E G U N M D A T B F A
T M H C C A L D E H P A R G O T O H P S I G
Y W S E D R O - W O O L L E Y Y N K I Y H G
S M - M H L R K O V W W P Y E O R S P K R I
```

Solutions in back of book

Olympic National Park

Olympic National Park is a United States national park located in the state of Washington, on the Olympic **Peninsula**.[3] The park has four basic regions: the Pacific **coastline**, alpine areas, the west side **temperate** rainforest and the forests of the drier east side.[4]

U.S. President Theodore Roosevelt originally created Mount Olympus National Monument on 2 March 1909.[5] [6]It was designated a national park by President **Franklin** Roosevelt on June 29, 1938. In 1976, Olympic National Park became an International **Biosphere** Reserve, and in 1981 it was designated a World Heritage Site. In 1988, Congress designated 95 percent of the park as the Olympic Wilderness.[7][8]

Olympic National Park, Recreation

There are several roads in the park, but none **penetrate** far into the interior. The park features a network of hiking trails, although the size and **remoteness** means that it will usually take more than a weekend to get to the high country in the interior. The sights of the rain forest, with plants run riot and **dozens** of hues of green, are well worth the possibility of rain sometime during the trip.

An unusual feature of ONP is the **opportunity** for backpacking along the beach. The length of the coastline in the park is sufficient for **multi-day** trips, with the entire day spent walking along the beach. Although **idyllic** compared to toiling up a **mountainside**, one must be aware of the tide; at the **narrowest** parts of the beaches, high tide washes up to the cliffs behind, blocking passage.

National Parks Facts, puzzle 44

```
Y Z E S R W K E D I S N I A T N U O M D O -
K Y E - A O U O U P O B W P B M U W U S E O
O Y T K E D W U Z E P S M K D H U L M D D Y
L P A R R O T L K K P L O A Y R L I O I - Y
S U R L E D Z S S W O T S N F S C I N S B T
Z C E U Z H U T U U R U H C P T W D L W C T
O O P I U L R M U L T I - D A Y Z - D Y L T
K A M Y N D - N F U U - F Z P D E Y U N N T
I S E U D - Z Z S O N H A P F M O Z S D E F
N T T A Y W B Y D Y I I Y Y S M B T P I O R
S L D M E T O O N F T S W F - H O B O K C R
O I C L B P Z H F Y Y I M M O U Z E E T P T
K N O U N E - F - - C S U D R A - N L N Z P
S E R F N A Y B C I L L Y D I L F E O - A I
N W W S K S R K K H B I O S P H E R E S P D
R I O O U W U Y L T Y K N T D N N C A Y L S
Z O F O M O Y H M F L E C Z R N P M B A W Y
H O R O L Z W B T - D F E N K C T A C N O A
O N A L D R - A U I Y O S L I A B P A Y Y A
H N N R E M O T E N E S S P E B I R F A Y S
L M K E T A R T E N E P M A O B R A L Y M O
W Y L U O U P P R Z T Y A S C O W Z I E K -
K W I Z L Z P U I O L U O D W K H P C M U Y
A B N - P F B C N O W R B E B P B C - L E H
T S A Y W Y Y U U F Z U S S L Z D - T M E D
B N F C H D B D O - M T R Z A I K W - R K U
H W F Z A H E W N D M E S Z K - S L A - O P
P E N U F M U Y H O W T P E N I N S U L A M
```

Solutions in back of book

Petrified Forest National Park

Petrified Forest National Park is a United States national park in Navajo and **Apache** counties in northeastern Arizona. Named for its large deposits of petrified wood, the fee area of the park covers about 170 square miles (440 square **kilometers**), encompassing **semi-desert** shrub steppe as well as highly eroded and colorful badlands. The park's **headquarters** is about 26 miles (42 km) east of Holbrook along Interstate 40 (I-40), which **parallels** the BNSF Railway's Southern **Transcon**, the Puerco River, and historic U.S. Route 66, all crossing the park roughly east–west. The site, the northern part of which extends into the **Painted** Desert, was declared a national monument in 1906 and a national park in 1962. About 800,000 people visit the park each year and take part in activities including **sightseeing**, photography, hiking, and backpacking.

Averaging about 5,400 feet (1,600 m) in elevation, the park has a dry windy **climate** with temperatures that vary from summer highs of about 100 °F (38 °C) to winter lows well below freezing. More than 400 species of plants, dominated by grasses such as bunchgrass, blue **grama**, and sacaton, are found in the park. Fauna include larger animals such as **pronghorns**, coyotes, and bobcats; many smaller animals, such as deer mice; snakes; **lizards**; seven kinds of amphibians, and more than 200 species of birds, some of which are permanent residents and many of which are migratory. About half of the park is designated wilderness.

The Petrified Forest is known for its fossils, especially fallen trees that lived in the Late **Triassic**, about 225 million years ago. The **sediments** containing the fossil logs are part of the widespread and colorful **Chinle** Formation.

National Parks Facts, puzzle 45

```
C E G F N P G N L C G U H G E I Z F C D I Z
Z C L S G L G S R E T R A U Q D A E H U U Z
D T C N N M A I H M P G P E T R I F I E D S
M M M I I N U G Q Q A A A C L Q F - M P C R
L E N L M H P A G P R S E P P A R M E Z T E
P L A Z I M C T Q A R E O G G A H I N Z C T
F S L A I Z N T L M F M N E Z T I N U Q R E
T Z I O Q U A L H G D I I G T Z - N P K C M
D M Z O C Q E R K K E - O Q M A G P T C F O
E K Q I N L T E D E E D S H R K M - C E D L
P A D M S G Q K S S I E H R G K S I C L D I
H D D N N D H T R A N S C O N T K M L O G K
P C D H S R H F L D S E R Q I E Q Z F C C Z
Q P Q Z P G Z H R Z T R C U N K U D S E N M
- F M U I I R G C K - T I C A O I T A P R Z
A H K S T P K A I A Z L S M H E G U P S D F
G P U H Z C R D M Q G A S K M H E A A F L U
L K K D - - O O T A K M A K Q N S G C S U G
U P D - L A Z I N D R P I H K M T I H C R K
Z O C Q U - P - E G I G R S O P N C E U I H
K H T C Z E F U U U H - T Z Z O E Z T R F A
- R Z C L M Z R P P A O P H G O M T O A C Z
A - F Q M D L H Z E D A R L Q Q I Z Q N R P
- A F I P A M P P H I C D N P Q D L T I A C
M Q A U D M U Q O E A Z N F S Z E - A F G A
H A D N R N D Q H R Q N M M F - S D C C A S
T C Z M I A T L - L G E U F R E F T L N N C
I D S U Q M F T F O A M P Q P E L U D A Z M
```

Solutions in back of book

Pinnacles National Park

Pinnacles National Park is a U.S. National Park protecting a **mountainous** area located east of the Salinas **Valley in** Central California, about 5 miles (8.0 km) east of Soledad and 80 miles (130 km) southeast of San **Jose**. The park's **namesakes** are the eroded leftovers of the western half of an extinct volcano that has moved 150 miles (240 km) from its original location on the San **Andreas** Fault, embedded in a portion of the California Pacific Coast Ranges. **Pinnacles** is managed by the **National** Park Service and the majority of the park is protected as wilderness.

The national park is divided by the rock **formations** into East and West Divisions, connected by foot trails; there is no through road that connects the east and west entrances to the park. The east side has shade and water, the west has high walls. The rock formations provide for **spectacular** pinnacles that attract rock climbers. The park features unusual talus caves that house at least thirteen species of bat. Pinnacles is most often visited in spring or fall because of the intense heat during the **summer** months. Park lands are prime **habitat** for prairie falcons, and are a release site for California **condors** that have been hatched in **captivity**.

Pinnacles National Monument was established in 1908 by U.S. President **Theodore** Roosevelt. Pinnacles National Park was created from the former Pinnacles National Monument by **legislation** passed by Congress in late 2012 and signed into law by President Barack **Obama** on January 10, 2013.

There are several trails for day hikers, some of which are **strenuous**. The San Andreas Fault is visible here and there.[57]

National Parks Facts, puzzle 46

```
Z L O X T E O K G Z F V G J E F Z T S J G S
S V S I Y P T M E P J Z H H K R E X K A G N
U Z D S R C M S M O K R N X M B Y V G F G O
C R D U H Y H L F M U H G C Z B O A N G X I
W E N E K S A P E J Q G O G R U J N X V F T
V T F F D E N X R A L U C A T C E P S W V A
G Z O Q M M Q I Y E N R O L W X G G F Z N M
W B T L F X B X S A B U N V L G F X N C A R
F V Q Q T T Q E M A L O D O K I A O I D Q O
S Y G T P C A E M L V L O R C G I H D S T F
F G K P V V S X Q B U U R J J T K A U N N R
T Q L N N A T Y S M T F S V A S J O C P Q N
F B I O K L R N V F F M T L Q Z N Q U E K D
F R O E T L E R X N S P S T P I F L C R B H
W O S C Z E N B P I P I N N A C L E S R B M
D I U H C Y U A Q T G B U T Q A K M Q C S N
F L M G M I O P T E B V N H K P U Y B G I B
M X M J J N U M L I W U I R K T S L X X P S
U B E A M G S D R K O V U Z T I B O V V R M
N L R L J W C J P M T N L T D V A B B U U N
T H E O D O R E S R B G A V X I X X A P N H
F H A I B B S I C A I M P L E T O R R I U A
X I R B Y A B E Q Y I V Q K C Y W G D W V X
C O U U I Q M W J T F G R Y R L K O K Y F C
E E F E E T X A G C X V E V M M B A R E S N
F N S L J E A N D R E A S T B O S F D F W S
B T Q M C N Q T K P K K H N J Z L B F V N P
T C M I J A C F T T Z U L C R A J C W Q J Q
```

Solutions in back of book

Redwood National and State Parks

The **Redwood** National and State Parks (RNSP) are **old-growth temperate** rainforests located in the United States, along the coast of northern California. Comprising Redwood National Park (established 1968) and California's Del **Norte** Coast, Jedediah Smith, and **Prairie** Creek Redwoods State Parks (dating from the 1920s), the combined RNSP contain 133,000 acres (540 km2).[3] Located entirely within Del Norte and **Humboldt** Counties, the four parks, together, protect 45% of all remaining coast redwood old-growth forests, totaling at least 38,982 acres (157.75 km2). These trees are the tallest and one of the most massive tree species on Earth. In addition to the redwood forests, the parks preserve other **indigenous** flora, fauna, grassland prairie, cultural resources, portions of rivers and other **streams**, and 37 miles (60 km) of **pristine** coastline.

In 1850, old-growth redwood forest covered more than 2,000,000 acres (8,100 km2) of the California coast. The northern portion of that area, originally inhabited by Native Americans, attracted many **lumbermen** and others turned gold **miners** when a minor gold rush brought them to the region. Failing in efforts to strike it rich in gold, these men turned toward **harvesting** the giant trees[4] for **booming** development in San Francisco and other places on the West Coast. After many decades of unrestricted **clear-cut** logging, serious efforts toward conservation began. By the 1920s the work of the **Save-the-Redwoods** League, founded in 1918 to preserve remaining old-growth redwoods, resulted in the establishment of Prairie Creek, Del Norte Coast, and **Jedediah** Smith Redwoods State Parks among others. Redwood National Park was created in 1968, by which time nearly 90% of the original redwood trees had been logged.[5]

National Parks Facts, puzzle 47

```
S H C R B O D V W J N A P R I  S T I  N E E N
M E O L C G R M M U C H T E J U E T N W A L
W W U G S J R E S -  B T WL A L M W R N D -
T D I  N D I  G E N O U S V I  A M P - -  W E O
J P W O D M U D N E R C B W-  L E W G V O I
O L S R I  N B O O M I  N G -  P S R H E E J J
J I  M T N L S W R P P T E M J A A V P W B E
I  D D E D E C S S O H A R V E S T I  N G C E
S M A E R T S W S S G D I  J U I  E L W R S C
U D U H R G C A I  E R L U M B E R M E N G L
L T O H U T H U M B O L D T B N E I  B N B E
S -  T O O O W R E D W O O D V P N R C U H A
-  P J P W R D P M J W-  -  L V G B J N H U R
B O H N -  D W W V U C M L A S L W L D N R -
N A -  D U L E C L J W B W J A R I  E -  C H C
C C C U D B E R M I  H B E V D U S T U I  W U
C T U E N G V M-  H W D O M I  N E R S E O T
A U B A W W B -  U E E J L A W D E B R D L B
I  V J P D R -  T -  D H T -  H J B I  J U R D U
M V A G J A C P I  T B T A M P C R D -  A -  G
-  C T - -  W W A U L -  G -  B B J I  R R A G R
S D J H W B H S L J E D I  E G O A T H S R R
R A O E N G B P S W N M V H V A R N G P O O
N A H P U W S -  I  J P E W C N A P S G S W N
O R P G D J M P W S B R J A H P S V U U T T
J -  W J A N V O B M-  S O G P N -  I  O G H M
R G O L V W R R H S O O I  L C A L P G A A G
N B A N -  H B O I  W-  V G U N L U N O G I  S
```

Solutions in back of book

Rocky Mountain National Park

Rocky Mountain National Park is a national park located in the Front Range of the Rocky Mountains, in the **north-central** region of the U.S. state of Colorado. It features **majestic** mountain views, mountain lakes, a variety ofwildlife, varied climates and **environments**—from wooded forests to mountain tundra—and easy access to **back-country** trails and **campsites**. The park is located northwest of Boulder, Colorado, and includes the Continental Divide and the **headwaters** of the Colorado River.

The park has five visitor centers. The park headquarters, Beaver Meadows Visitor Center, is a National Historic Landmark, designed by the Frank Lloyd **Wright** School of Architecture at **Taliesin** West.[3]

The park may be accessed by three roads: U.S. Highway 34, 36, and State Highway 7. Highway 7 enters the park for less than a mile, where it provides access to the **Lily** Lake Visitor Center which is closed indefinitely. Farther south, **spurs** from route 7 lead to campgrounds and trail heads around Longs Peak and Wild Basin. Highway 36 enters the park on the east side, where it **terminates** after a few miles at Highway 34. Highway 34, known as Trail Ridge Road through the park, runs from the town of Estes Park on the east to Grand Lake on the southwest. The road reaches an **elevation** of 12,183 feet (3,713 m), and is closed by snow in winter.

The park is **surrounded** by Roosevelt National Forest on the north and east, Routt National Forest on the northwest, and **Arapaho** National Forest on the southwest.

National Parks Facts, puzzle 48

```
W - R D N C - C E H T C A - N I L A K H E V
O E C J S A H V K B - T O K - W W A R W O U
R L K B U O K N B - S J A K G R Y P E I V Y
L J G A R A P A H O E A - D I L U W P B W G
B S D N R P K K J - D U J O L N - N M T R -
B A Y G O B W L - O M N K U U C N P - O B H
T T P D U C H D I D E W K B G K A V P J O G
R S O R N H C U H A D S - L T Y D M D - P O
A W O V D J Y B L O G M P H W Y T N N C S H
V A C O E H A A G J I K E M P L K O S W E C
W I I J D W O C N Y R N H H D K R R A B T N
B Y T E E U A K S O V R W Y U U O T P J A P
B L S D T S E - B I I N M N T V A H H N N U
W L E U C H O C R L W T C T T G C - M V I A
B J J B A H E O J H E H A O H A O C D H M Y
P H A J I Y N U R I R - M V S P U E V M R M
D - M H - M K N K S S K P B E W D N C R E P
P V R L E W E T Y U W N S U J L C T G R T D
A G D N N A H R R A P B I L G R E R Y I K A
C Y T - E J D Y C C O P T K R G U A G H W -
W S L A C S O W W K L S E W P H B L R J H U
T S W B L C O D A I K G S O I A - - G N P G
U R R C O I W C L T L U A L O P - M M O K M
T N I U T L E Y S M E L H N W N V A U E - W
R A G M P D N S U C R R K O H W D A E L B U
A Y H H A S A W I J B J S N G G E W B J J I
I O T I G B H K A N P G M T E T B V I V R U
Y W E H P W A Y G B A S S U J J G N V V H P
```

Saguaro National Park

Saguaro National Park is located in southern Arizona on the **outskirts** of Tucson and is a part of the United StatesNational Park System. The park **preserves** the desert landscape, **fauna** and flora contained within two park sections, one east and the other west of Tucson. The park was established to protect its **namesake**—the giants aguaro cactus (*Carnegiea* gigantea). Saguaro in this park are near the **northernmost** limit of their natural survival zone within the Sonoran Desert.

Saguaro National Park, Overview

The park is divided into two sections, called districts, lying **approximately** 20 miles (32 km) east and 15 miles (24 km) west of the center of the city of **Tucson**, Arizona. The total area in 2011 was 91,442 acres (37,005 ha)[1] of which 70,905 acres (28,694 ha) is **designated** wilderness.[4] There is a visitor center in each of the two districts. Both are easily reached by car from Tucson, but there is no public transport into the park. Both districts conserve fine tracts of the **Sonoran** Desert, including ranges of significant hills, the Tucson Mountains in the west and the **Rincon** Mountains in the east. The park gets its name from the saguaro, a large cactus which is native to the region. Many other kinds of **cactus**, including barrel, **cholla**, and **prickly** pear, are abundant in the park.

Saguaro National Monument was created on March 1, 1933 by President **Herbert Hoover**.[5] On October 14, 1994,Congress elevated Saguaro to National Park status.[2]

Facilities in the park include 150 miles (240 km) of well marked and maintained hiking trails.

National Parks Facts, puzzle 49

```
K K A C S T D I  B A C Y G R B X Q J  O H X M
F H U D S E I  C H O L L A E I  K F S U Z G V
V WP L WC I  C L A K N F L C N V Q R Y Z B
E Y Q E P U WT M I  K E M U N V C Y Q O Q B
M Z L R U D R J I  B U S Q D I  R E O J X Z Q
O Z N F C L N E S L A Z S L L N B I  N C WI
T U Y I  E J Y L K C I  R P H N H C V WU E L
S E V R E S E R P O Y C Z P S H D R M C X D
M L E H A WT D U J  Y A A R E V O O H G V V
A P H E R B E R T U H U U F X N Z O E H Z N
S WY WT V Q H Y A H J  Q M I  F F K F J  D D
B Y O U T S K I  R T S L G H L A C D I  E D S
L U J  A S E X N N WQ X C R G U J  F S K A X
J  B Y F S M G A I  Z O H M A Y N M I  R O N R
I  A L J  R S L M Z K J  WU H R A G Q E N M E
E N E B O L P E O R I  A T S Q N P F WE B F
K S T V Q K N S S D K N U O A F E P I  J  P T
A A A B B Q P A K V D T A T Y C X G Z E T V
N P M M E R Z K A V C S E R Q T H S I  J  Z B
O V I  E K N X E C A B D I  Z O M L Q R E Z F
S M X C O I  H E C WF O L X G N C V U P A V
C R O G WV L B J  D V X Y Z M Y O N R R A J
U M R S E N S V M B U P Y S A N WS O Z P A
T A P C Q T V R X G A A G K J  A N B D WQ S
J  O P Y A I  C A H M A B B B G G H C Y K T Z
H WA T S O M N R E H T R O N F G S Y K J  V
Z U T H X P Q R F Z H P H A M L WR WP B Z
Q O X G A F E O X N WR F R F P H R N Y U O
```

Solutions in back of book

Sequoia National Park

Sequoia National Park is a national park in the southern Sierra Nevada east of Visalia, California, in the United States. It was **established** on September 25, 1890. The park **spans** 404,064 acres (631.35 sq mi; 163,518.90 ha; 1,635.19 km2).[1] Encompassing a **vertical** relief of nearly 13,000 feet (4,000 m), the park contains among its natural resources the highest point in the contiguous 48 United States, Mount **Whitney**, at 14,505 feet (4,421 m) above sea level. The park is south of and contiguous with Kings Canyon National Park; the two are **administered** by the National Park Service together as the Sequoia and Kings Canyon National Parks.

The park is famous for its giant sequoia trees, including the General **Sherman** tree, one of the largest trees on Earth. The General Sherman tree grows in the **Giant** Forest, which contains five out of the ten largest trees in the world. The Giant Forest is connected by the **Generals** Highway to Kings Canyon National Park's General Grant Grove, home to the General Grant tree among other giant sequoias. The park's giant sequoia forests are part of 202,430 acres (81,921 ha) of old-growth forests shared by Sequoia and Kings Canyon National Parks.[3] Indeed, the parks preserve a landscape that still resembles the southern Sierra Nevada before **Euro-American** settlement.[4]

The vast majority of the park is **roadless** wilderness; no road crosses the Sierra Nevada within the park's **boundaries**. 84 percent of Sequoia and Kings Canyon National Parks is designated wilderness[8] and is accessible only by foot or by **horseback**. Sequoia's backcountry offers a vast expanse of **high-alpine** wonders. Covering the **highest-elevation** region of the High Sierra, the backcountry includes Mount Whitney.

National Parks Facts, puzzle 50

```
Y N P R K T P W M B Y E N T I H W C N B Y T
G P G U D C I O U U Y A H U K O A G P N M Y
O E O K A K S D K L A U - O Y A W A A V D S
A S U D O L D B U C H I C H O U L C E C - H
T T K I V S V T N L E D O H I E I R S B R E
B A I Q Y L L E A - B Y T T H R T P E H Q R
I B O G R A Y A S T - G B Y E I M Y I I D M
A L A V U Y Q S R M I L O M C O Q B R G - A
O I D - S G G D V E Q N A A A - D D A H M N
A S Q A Y G N C Y Y N - L - E K Q - D E R A
L H K S - L D R N A O E G Q R C O Y N S P R
I E B P K S N E W R O O G W D A B R U T S C
Y D V C V A H V U E A Y O V B B R R O - U N
H D M U R L S E G S I P K M E E P Q B E Q V
D M - T H U O H N E Q A T S - S R B R L D B
U S R V S N S A U G K H N B I R P P R E R G
K W G D H E P H E W B H A D N O S I O V M P
L C O Q B S Q K P Q W G I W U H T T A A S L
- Q S B C W I U O C H H G K M Y G M D T B V
H V M M I Y A K O A - K T I L O W - L I I P
W - U L - C D W Q I D M W G W P V I E O S R
H U G K P H Q O S G A Q H I I B P C S N G N
U D D E R E T S I N I M D A A V V A S C P N
T L B T P O E N I P L A - H G I H R A T R S
D V P T Y P O M P K O K A S W A Y S C O - M
H Q Y B T E V E E O A Y D A Q C R K W T B Y
T H P A C L W W M M E H C B N - U B H R Q W
W T K L Y U Q G K N U - S L S H O C D B O G
```

Solutions in back of book

Shenandoah National Park

Shenandoah National Park encompasses part of the Blue Ridge Mountains in the U.S. state of Virginia. This national park is long and narrow, with the broad Shenandoah River and Valley on the west side, and the rolling hills of the Virginia **Piedmont** on the east. Although the **scenic** Skyline Drive is likely the most prominent feature of the park, almost 40% of the land area 79,579 acres (124.342 sq mi; 32,204 ha; 322.04 km2) has been designated as wilderness and is protected as part of the National Wilderness **Preservation** System. The highest peak is **Hawksbill** Mountain at 4,051 feet (1,235 m).

Shenandoah National Park, Skyline Drive

The park is best known for Skyline Drive, a 105-mile (169 km) road that runs the entire length of the park along the ridge of the mountains. The drive is **particularly** popular in the fall when the leaves are changing colors. 101 miles (162 km) of the Appalachian Trail are also in the park. In total, there are over 500 miles (800 km) of trails within the park. Of the trails, one of the most popular is Old Rag Mountain, which offers a **thrilling** rock **scramble** and some of the most **breathtaking** views in Virginia. There is also horseback riding, camping, **bicycling**, and many **waterfalls**. The Skyline Drive is the first National Park Service road east of the **Mississippi** River listed as a National Historic Landmark on the National Register of Historic Places. It is also designated as a National Scenic Byway.

Shenandoah National Park offers 196,000 acres (790 km2) of backcountry and wilderness **camping**. While in the backcountry, campers must use a "Leave No Trace" policy.

National Parks Facts, puzzle 51

```
B D R H R X R Y S H E G Z D H O T Z WP D V
Y E S U G WR B G B Q R Z O L F L V O U K V
Q V P F N R L S H N Z G U P F O T Q V Q F M
C B H X I J M L H O X H F R B C Q L I X K O
H X Q V P WB F L Q D X Q E J S G Z A F L Q
B D C N M W S P Q O P Z S S G H N F Z V H T
I T I C A Y R J A K U P L E F U I N F J J K
K I N V C T C B X J C L M R T D L B S G A W
K P E G M U L D G H I D C V G P L B I A K K
R P C Z T I Z J X B N P Y A Z Y I X C G Z W
Z I S C N E M W S Z F P F T U G R S J N Y A
P S E B W J Q K M Z H M G I X K H K O I J T
A S G O F A W R W T A N G O W X T G E L L E
R I P P M A U D A Y I G R N D Y X R Q C I R
T S P Y H G H R C K Z N F K K Z R G F Y C F
I S D Q A B U L A L X X E Q U P X B S C D A
C I E D D I U T P H O V F G K E V K H I I L
U M S E K Z H M P S W Q Z I Q M P I E B F L
L H R WI T E F E T G V T L V WI M N X M S
A F K U A U Q V L O G Y J D S D E U A T H L
R Q Q E H H X X W W R Q V O E Y D X N J I H
L V R H M A L B H C Z M D Q E F M W D H I N
Y B U Q D L T Z F G X R A S M H O Y O I E U
R I P S C R A M B L E F Q A N P N R A R N L
D W Q H Z N I X K L R P W X L J T R H F Q T
Y E B N W O E B N C G L D A T C U P K D U N
Z K S H P L C D Z H R Y S S S P D X C Y S K
R X R H R C WE E T W C B G Y A P X WD V E
```

Theodore Roosevelt National Park

Theodore Roosevelt National Park is a United States National Park comprising three **geographically** separated areas of badlands in western North Dakota. The park covers 70,446 acres of land in three sections: the North Unit, the South Unit, and the **Elkhorn** Ranch Unit.

The park's larger South Unit lies alongside Interstate 94 near **Medora**, North Dakota. The smaller North Unit is situated about 80 mi (130 km) north of the South Unit, on U.S. Highway 85, just south of **Watford** City, North Dakota. Roosevelt's Elkhorn Ranch is located between the North and South units, approximately 20 mi (32 km) west of US 85 and **Fairfield**, North Dakota. The Little Missouri River flows through all three units of the park. The Maah **Daah** Hey Trail connects all three units.

Theodore Roosevelt National Park, Attractions

Both main units of the park have scenic drives, approximately 100 miles of foot and horse trails, **wildlife** viewing, and **opportunities** for back country hiking and camping. There are three developed campgrounds: Juniper Campground in the North Unit, **Cottonwood** Campground in the South Unit, and the **Roundup** Group Horse Campground in the South Unit.

One of the most popular attractions is wildlife viewing. The park is home to a wide variety of Great Plains wildlife including bison, mountain lion,feral horses, elk, **bighorn** sheep, **white-tailed** deer and **mule** deer, prairie dogs, and at least 186 species of birds including golden eagles, **sharp-tailed** grouse, and wild turkeys. **Bison** may be dangerous and visitors are advised to view them from a distance.

National Parks Facts, puzzle 52

```
M M R G A L K N G G A - N C U G F O P E L D
G F H R WE M P G I L I T Y I H S F WR G O
F P R O U N D U P Y K C U M E H N N F Y E N
H R F O N - W- F Y M S U F F - Y WK I H S
S Y N D S R P B I R E G I A - T H Y B B G N
T K D G B H O G N B E L C K A A R O D E M C
T K U B WWM H G K D A A D Y D O P D K Y -
G S G G Y S O M K L U U L E O F C G A S B B
R C B U L K C N I L T D S G C Y P P K K O M
F N C T L O O WK U E D G WA K L G C P I F
U R L I A G T S R P R P D S D B I A P N P B
T N M - C M T - B F B U T S W- D O I E C U
F - D Y I U O M Y T D I E T K K R F S D L T
O B L O H N N L F E G K S WI T F L N E N N
F M N K P M WD N T K N T O U R R G L S A F
B U U O A T O U E G P D O N N Y S P - M - A
B B P F R E O O P L I M I O H K T N U M B I
D A T U G A D - S N I T O A H Y W- P S A R
C I L D O F H D P A I A A M A O G U Y S K F
T F L D E L C H R E C D T F N M B K H T C I
T U M F G - I G S O O - T - N R O H G I B E
S Y O O - G A WG R F F A F P E B WG B U L
B C B U - I N E E WO T U H M R M U L E R D
WH I T E - T A I L E D A A K A A E U D R C
Y H L I I R K L E D I - P W- C WH K - U B
T N S R P - T T H - H M P D WK G U S A I H
D A D WE D E K G M - A S N WI - H Y P - N
H O D P U N C Y A F S S - F G WL H P I F T
```

Virgin Islands National Park

The **Virgin** Islands National Park is a United States National Park, covering approximately 60% of the island of **Saint** John in the United States Virgin Islands, plus nearly all of Hassel Island, just off the Charlotte Amalie, Saint Thomas harbor.

The park is famous for scuba **diving** and **snorkeling** and has miles of hiking trails through the tropical rainforest.

Ferries from Red Hook and Charlotte **Amalie** on Saint Thomas make regular stops at Cruz Bay, Saint John, near the park, which averages about 500,000 visitors per year.[2]

One of the Virgin Islands National Park's most famous **attractions** is **Trunk** Bay, which sports a white sand beach and an underwater snorkeling trail, although the trail's **chronic** overuse has led to extensive **coral** damage along its path.

The park includes the sugar-plantation-ruins-littered **Cinnamon Bay** Nature Trail and the **Bordeaux** Mountain Trail that leads to the highest point on the island at 1,277 feet (389 m) above sea level, and whose view is best described as "what you must see from heaven". The most popular hike, however, is the **Reef** Bay Trail. This route paves the way to witnessing the beauty of the surrounding **forestlands**, **remnants** of sugar mills, historical Taíno **petroglyph** rock carvings,[3] a **spring-fed** waterfall and **reflection** pool, and a chance for rest and **relaxation** or snorkeling excitement at **Genti** Bay.

Visitors can stay on Saint John nearby, on **off-park** land, or they may elect to stay in one of the park's two campgrounds, Maho Bay and Cinnamon Bay, which offer varying levels of **comfort**.

National Parks Facts, puzzle 53

```
T U A S R L D P V B Y S M D A - T C K D F A
R E L A X A T I O N F X A B X V A R L L C D
U O O D H X H I C V U E C O C - C O C E K F
N Y C D D H L K R P O L R H T F V K U K X S
K N D N Y U - R - C R C U R R A H C S V H B
- P D X E Y Y A O D B B V R I O B E U M C T
G H M P - I O P A U A L E S M E N O - D R R
G A G G N Y S - O H Y M P P D D S I G F O D
L V N U I I R F X Y N R - E F I Y Y C R K L
I L I R G A M F K A I O M M E S V S G A Y K
S F L R R K F O N N O M A N N I C - X P A I
N E E D I M I T G M H X M A F - H D Y G N F
O I K Y V X S - G O A K P D Y K B A R L X F
I S R U N G F G P E T R O G L Y P H - A S X
T R O H R E H F V R X U A E D R O B K P R A
C N N D D H U P L K M O G T B F B S U R - S
A C S R M - V - C G T Y N X I L S M S U R D
R O E B R D G M S B N I G R E K T - G E V N
T M S F T F L X K R A I F C R G E H F V Y A
T F X - N M R G O S L B V U O G P L S X P L
A O P O X N U S T F H O - I T I E K M A X T
C R E I L A M A C V E X X F D C R U C K Y S
F T M T R L X Y O P H E C O T B T D X F A E
D T N U N D A X F K H O R I C P P E I V R R
H S M X G N N O E K R E O A X C A T F A R O
U G N V D Y E P H A I N Y T I C N Y C U G F
P - U P P U A M L V T G A N M E I T O Y O G
G P S - O N B N C C X V O A G P X V Y T E E
```

Solutions in back of book

Voyageurs National Park

Voyageurs National Park is a United States National Park in northern Minnesota near the town of International Falls. It was established in 1975. The park's name **commemorates** the *voyageurs*, **French-Canadian** fur traders who were the first European settlers to frequently travel through the area.[3] The park is notable for its outstanding water **resources** and is popular with **canoeists**, kayakers, other boaters and **fishermen**. The **Kabetogama** Peninsula, which lies entirely within the park and makes up most of its land area, is accessible only by boat. To the east of the National Park lies the **Boundary** Waters Canoe Area Wilderness.

The park has several boat ramps and visitor centers on its **periphery**, though the main body of the park is only accessible by boat or, in the winter, by **snowmobile**, ski, or snowshoe. In 2011 the park hosted 177,184 visitors.[2]

Campsites are maintained by the National Park Service and are accessible only by water. The 175 sites are classified as tent, **houseboat**, or **day-use** sites; all are designated by signs.

The major lakes in the park are home to Walleye, Northern pike, **Muskellunge**, Smallmouth bass, and **Crappie**. In the minor lakes that dot the park, Largemouth bass, Lake trout, **Bluegill** and other small sunfish and Yellow **Perch** are also found, although not every lake has every species.

Visitors travel and explore the park's lakes and islands with canoes, kayaks and **motorboats**. The park's interior **peninsula** is only accessible by boat except when frozen lakes provide other routes.

The park is **snow-covered** from late Nov until early April. [5]

National Parks Facts, puzzle 54

```
T L Y U F S O G F I C B Y L S F Y T C E P A
C R A P P I E S E T A R O M E M M O C Y H A
M S G E V W K I B H I G C D M S V A A F M L
O - Y R E H P I R E P E D O Y P M A F T I U
E T C K T D V P S - K D C L C P B C D S W S
I A M F U L L N E M R E H S I F I W N M E N
Y B V U R M O T O R B O A T S O A M P P - I
T N L N S C M U D A Y - U S E G G T - T F N
P T I E H K A R R B R D L D K M K D E U R E
Y E T R U H E U E G B H U M D R - W - O E P
C W R L V D - L O U V O Y A G E U R S A N G
B - E C U H - - L T U N B O K V W M L C C R
I U F I H K N U O U W I B M E L V S H F H M
W O T U B E G K H F N A S H R B T E H E - O
I H E R F G K N U M B G - Y P U K N - O C Y
G H S N O W M O B I L E E V I O O H A I A C
I A T B W T I K H T W L K A K C Y B S M N N
Y A S A A S E I U A F B L A P V R N T G A B
R G I K - E Y E E O D Y S P B N O K L A D H
A C E F H C D A R B V K L U C W I M S K I I
D S O W N R M F - E Y N O V - Y C S K S A K
N C N N R U T N I S O F H C A S W S E V N F
U L A - T O T K E U Y A O O - Y V H N R F D
O G C K L S K T T O T V O S L N L Y V R M F
B E H S S E M V S H E K G W H R T D L O B V
W Y N B M R L A V R C A M P S I T E S O Y G
C L R W N D V Y E B L U E G I L L - I S F G
S U K G R M - D K A B E T O G A M A I F - O
```

Wind Cave National Park

Wind Cave National Park is a United States national park 10 miles (16 km) north of the town of Hot Springs in western South Dakota. Established in 1903 by President **Theodore** Roosevelt, it was the seventh U.S. National Park and the first cave to be designated a national park anywhere in the world. The cave is notable for its displays of the calcite formation known as **boxwork**. Approximately 95 percent of the world's discovered boxwork formations are found in Wind Cave. Wind Cave is also known for its **frostwork**. The cave is also considered a three-**dimensional** *maze cave*, recognized as the densest (most passage volume per cubic mile) cave system in the world. The cave is currently the sixth-longest in the world with 140.47 miles (226.06 km) of explored cave **passageways**,[3] with an average of four new miles of cave being discovered each year.[*citation needed*] Above ground, the park includes the largest remaining natural **mixed-grass** prairie in the United States.

Wind Cave National Park, Source of Cave's Name

Caves are said to "**breathe**," that is, air continually moves into or out of a cave, **equalizing** the **atmospheric** pressure of the cave and the outside air. When the air pressure is higher outside the cave than in it, air flows into the cave, raising cave's pressure to match the outside **pressure**. When the air pressure inside the cave is higher than outside it, air flows out of it, lowering the air pressure within the cave.[5] A large cave (such as Wind Cave) with only a few small openings will "breathe" more **obviously** than a small **cave** with many large openings.

National Parks Facts, puzzle 55

```
G Y Y Z G T T F G M D O L L A L U WL O E W
G V E T P K M R V B H Q N G P T V O Y K F B
M T U - L Q B N O T R B A C R A F T E V Q H
U U X E N V X M T M T Q F K D O T F W Q E Q
B N E B WA T P S F N O Z V Z L WL B W K Q
D N K T L T Q R U C Z D P T T W C C H I K I
Q X K T C P Q O Y P WI T N O F T - Q W D X
N S T S T Z M D X O V I D Q T N Q - F K X D
S M V I C U L Q A E I V L P H K L Q F U A W
Q I S A G P F O S G U Z B U G Z D T M K B W
F X V S T H E O D O R E P N P L L Z W K F E
O E X R O M N S N H K U T D Y A Y I H T H O
U D O E Q D O C N B G A F Q G R R R S - U P
U - T G Y G K S Q R Z P N Z O C - U E P T M
W G B C R Q B S P A S S A G E WA Y S F X C
F R O S T W O R K H P L K H U I N I U R S W
T A X K H D B U E L E - P E K L R R R W C R
I S W O K Z V D T A S R V C Z B X - H U - F
U S O Q V N I Z V V T K I P V H I N W O X A
T N R E I L O T N - Q H R C G Q W X D S D L
- - K C D A U C U P X E E E C I - L Q F X B
P U D K K I S Z A G S O T H G F Q X N F R E
- L M X M K L E A S D I M E N S I O N A L P
V V U X L X Y K U K S F Q D S C S C A S G Q
U Z M E D T Y R B N Z S A P D K K C V N G V
F M W L X T E Q U A L I Z I N G C T R Q Y -
B U Q D K Z F S C K - A I P F M N Z V V V W
E M D X M - G L N D M I Y Q I E L L S - A H
```

Solutions in back of book

Wrangell–St. Elias National Park and Preserve

Wrangell–St. Elias National Park and Preserve is a United States national park and national preserve managed by the National Park Service in south central **Alaska**. The park and preserve was established in 1980 by the Alaska National Interest Lands **Conservation** Act.[3] This protected area is included in an International Biosphere **Reserve** and is part of the Kluane/Wrangell–St. Elias/Glacier Bay/**Tatshenshini**-Alsek UNESCO World Heritage Site. The park and preserve form the largest area managed by the National Park Service in the United States by area with a total of 13,175,799 acres (20,587.186 sq mi; 53,320.57 km2). The park includes a large portion of the Saint **Elias** Mountains, which include most of the highest peaks in the United States and **Canada**, yet are within 10 miles (16 km) of **tidewater**, one of the highest reliefs in the world. Wrangell–St. Elias borders on Canada's **Kluane** National Park and Reserve to the east and approaches the U.S. Glacier Bay National Park to the south. The chief distinction between park and preserve lands is that sport **hunting** is prohibited in the park and permitted in the **preserve**. In addition, 9,078,675 acres (3,674,009 ha) of the park are designated as the largest single wilderness in the United States.

Wrangell–St. Elias National Monument was initially designated on December 1, 1978, by President Jimmy Carter using the Antiquities Act, pending final **legislation** to resolve the **allotment** of public lands in Alaska. Establishment as a national park and preserve followed the passage of the Alaska National Interest Lands Conservation Act in 1980.

National Parks Facts, puzzle 56

```
P A K B Z W C A N A D A H F J L U V N Z L Z
L E B C I X T K D Z N L G L S Y O G Q H V V
J C C I B T R I S V Q K B H P A D A X Z W K
J P O Y G Y Z E Y V Q G F G T W I Z X B A A
O I N I H S N E H S T A T U A U V F J P D I
O V S H U M A E M A O P U V Q Q C P L T M F
P L E I N V Q X I J Z P O S S E H L S N P X
O P R L T P X Z Z R V M O O R J H X X P J A
F W V C I K V O K U R G D M K F Y V C W Z O
Y U A Q N A B F X S G J L J P U F Y A U T C
A U T L G P S X E F G G H Z P Z F K A K J L
D G I E L Q B R L W D I F E P F P D Z I J Z
O F O G M O Z K M J Q D V K B K Z T G F G V
Z Y N I D D T I M H T R U B U A B Q O C H H
H D K S T P W M E A E V D O N O Q H P A N P
T W N L Q K V J E S D J Z Z X Y N V O Z B J
M B R A K Q L W E N Q V H U Z I F H E Q C N
T Q K T L V I R F W T V O E M O S L C S V I
P V L I F Z P A Y Z L Z E F D G A E D B G S
R C U O Z B T N L Q I G C R I G G J U H A O
V J A N O A Q G W G R E T A W E D I T F F E
J I N K Q O N E Z S S E P J Q V B H S J B X
Y W E B S M V L L Q M A S Z C J X I P C P X
U M Y M P A Y L Y U W V Y E K N R W Q X S F
U O X P K D L U D M S Z J P R U X K B P R Y
V T A I M I O A G A O N A T H V N W A L Y B
Y Z P J Q G Q L V S C F K I N B E B Q B V P
O C B M G X Z B I C N P M Q B M Z B D N E G
```

Solutions in back of book

Yellowstone National Park

Yellowstone National Park (Arapaho: *Henihco'oo* or *Héetíhco'oo*) [4] is a national park located primarily in the U.S. state of **Wyoming**, although it also extends into Montana and Idaho. It was established by the U.S. Congress and signed into law by President **Ulysses** S. Grant on March 1, 1872.[5][6] Yellowstone, the first National Park in the U.S. and widely held to be the first national park in the world,[7] is known for its wildlife and its many **geothermal** features, especially Old **Faithful** Geyser, one of the most popular features in the park.[8] It has many types of ecosystems, but the **subalpine** forest is the most abundant. It is part of the South Central **Rockies** forests **ecoregion**.

Native Americans have lived in the Yellowstone region for at least 11,000 years.[9] Aside from visits by mountain men during the early-to-mid-19th century, **organized** exploration did not begin until the late 1860s. Management of the park originally fell under the **jurisdiction** of the Secretary of the Interior. However, the U.S. Army was **subsequently** commissioned to oversee **management** of Yellowstone for a 20-year period between 1886 and 1916.[10] In 1917, **administration** of the park was transferred to the National Park Service, which had been created the previous year. Hundreds of **structures** have been built and are protected for their architectural and historical **significance**.

Half of the world's geothermal features are in Yellowstone, fueled by this ongoing **volcanism**.[12] **Lava** flows and rocks from volcanic eruptions cover most of the land area of Yellowstone. The park is the **centerpiece** of the Greater Yellowstone Ecosystem, the largest remaining **nearly-intact** ecosystem in the Earth's northern temperate zone.[13]

National Parks Facts, puzzle 57

```
Z G A D M I N I S T R A T I O N W D L T Z E
B L V O L C A N I S M P A R F C K S O Y J J
G V P Z A G I S - U Z - S U B A L P I N E Z
- I O R E Q T D T L T K V E F F N C D A Z U
Y A T J R N M C Z T N E M E G A N A M W L O
I Y F M N J A C A F S - Y V Z E S H M A Q B
H A L B Q V R E G T B O E - H U I Y G L M T
G E P P A D T - C P N M V O J Z G Z A P M B
I B V L Q R T S L M D I M P J Z N F O W R W
A V S T R U C T U R E S - C S Y I U H G I Q
D I V H V K H S M A L J S Y Y D F N L - F L
Y L T N E U Q E S B U S M S L I I O C Q Q -
L Y R Y G N I M O Y W K U V R R C I L Y U J
P K L S M F Q Q V D S O Y Y S E A G R V Z G
N O I T C I D S I R U J U E C Q N E R Y J O
M G V G - Q O S L B Z Z S E H L C R N O G D
V O Z V D C R A N I Y S I H B L E O Y K I V
B J N Z K H G N I F Y P T F U O M C N V P J
O K S D O D A G C L R F F T K - I E H L I V
L A Z V H D N E U E Y U F J R E R T E G C -
Z I N B T Z I M T F V M F A L - E P A F H R
J A - I L K Z N V D R S K Q - T K B R S F F
Y F T L F N E Y K E I U S E I K C O R O B J
M Q F Z - C D Z R E - A T A M L B O T N A T
V S F F R L A M R E H T O E G T O T V Z Y N
K A N O K E C I U P L U F H T I A F F E W W
U T C H C F G M C G Y O G P J U P Q V - Q W
- S H K Q K O V S U I I L V W O C W Q H T T
```

Yosemite National Park

Yosemite National Park is a United States National Park **spanning** eastern portions of **Tuolumne**, **Mariposa** and **Madera** counties in the central eastern portion of the U.S. state of California, commonly considered part of Northern California.[5][6] The park, which is managed by the National Park Service, covers an area of 747,956 acres (1,168.681 sq mi; 302,687 ha; 3,026.87 km2)[2] and reaches across the western slopes of the **Sierra** Nevada mountain chain.[7] About 3.8 million people visit Yosemite each year:[3] most spend the majority of their time in the seven square miles (18 km2) of Yosemite Valley.[8] Designated a World Heritage Site in 1984, Yosemite is **internationally** recognized for its **spectacular** granite cliffs, waterfalls, clear streams, giant sequoiagroves, and biological diversity.[8] Almost 95% of the park is designated wilderness.[9] Yosemite was central to the development of the national park idea. First, **Galen** Clark and others **lobbied** to protect **Yosemite** Valley from development, ultimately leading to President Abraham Lincoln's signing the Yosemite **Grant** in 1864. Later, John **Muir** led a successful movement to establish a larger national park encompassing not just the valley, but surrounding mountains and forests as well—**paving** the way for the United States national park system.[10]

Yosemite is one of the largest and least **fragmented** habitat blocks in the Sierra Nevada, and the park supports a diversity of plants and animals. The park has an elevation range from 2,127 to 13,114 feet (648 to 3,997 m) and contains five major **vegetation** zones: **chaparral**/oak **woodland**, lower montane forest, upper **montane** forest, subalpine zone, and **alpine**.[8]

National Parks Facts, puzzle 58

```
K J A Q H S I E R R A H N D V C V R K G G V
R X L J E J P N F B E D B H F Q L X V R H L
N Y X T I V E A G R U I N Y H B E X R Y Z X
U W S F F P H Q N Q A U J A I N W S C W D K
P X J B S O K Y M N K P P I X F O J A Y Y X
E N W I V J S Z I Q I N C F M Y Z Q D Y B Y
O H N K C W P J M H B N D V J E G I L B K A
F F X P F O Z U M Q Z V G R X Q Y H P C W B
T H Z Q R G G Z P I L Y I J T L D U F H T G
C U V P T Q D A Y V J T G A L Z L K W A P T
R W O O D L A N D X W J X Y B V T R I P I L
F M Y L N X Q E K C W A I K Y I D T V A X N
O G M O U H N O G Q P V K A W L Q E Y R V R
S G T R S M O N T A N E R T V A G J S R S T
O P R I H E N Z D L V G R A N T S S B A E N
J L Q U X P M E Y P U E T S Z J P X Q L V L
A B N M E N I I W I I T Z V B K E O Y Y M O
J M R B A B K A T N V A S K B Y C P H E M G
G Z B N B R X R N E S T K N D H T V Z S H Y
J B X O E F I A W R G I M G I B A V P J U J
K C L W W L M P S K Y O K Q L X C R Y O T T
H P R D T I A F O R Y N X B O X U U F F R G
H P U H W G D G J S Q F N T N M L Z N C P W
I D W R A V E S X C A Q E R M Q A V X Q E Y
E G Q V J F R A G M E N T E D R R D Q E V H
Q L M B C P A V I N G V C Y T W B C T E R G
F V S N B B Q M P P V X R E W X L S P D O P
J M L K R E I N T E R N A T I O N A L L Y D
```

Solutions in back of book

Zion National Park

Zion National Park is located in the **Southwestern** United States, near **Springdale**, Utah. A prominent feature of the 229-square-mile (590 km2) park is **Zion** Canyon, which is 15 miles (24 km) long and up to half a mile (800 m) deep, cut through the **reddish** and **tan-colored** Navajo **Sandstone** by the North Fork of the Virgin River. The lowest elevation is 3,666 ft (1,117 m) at **Coalpits** Wash and the highest elevation is 8,726 ft (2,660 m) at Horse Ranch Mountain. Located at the junction of the Colorado Plateau, Great Basin, and **Mojave** Desert regions, the park's unique **geography** and variety of life zones allow for unusual plant and animal **diversity**. Numerous plant species as well as 289 species of birds, 75 **mammals** (including 19 species of bat), and 32 reptiles inhabit the park's four life zones: desert, **riparian**, woodland, and **coniferous** forest. Zion National Park includes mountains, canyons, buttes, **mesas**, monoliths, rivers, slot canyons, and natural arches.

Human **habitation** of the area started about 8,000 years ago with small family groups of Native Americans; the semi-nomadic Basketmaker **Anasazi** (300 CE) stem from one of these groups. In turn, the Virgin Anasazi culture (500 CE) developed as the Basketmakers settled in permanent **communities**.[4] A different group, the **Parowan** Fremont, lived in the area as well. Mormons came into the area in 1858 and settled there in the early 1860s. In 1909 the President of the United States, William **Howard** Taft, named the area a National Monument to protect the canyon, under the name of **Mukuntuweap** National Monument. In 1918, however, the acting director of the newly created National Park Service changed the park's name to *Zion*, the name used by the **Mormons**.[5]

National Parks Facts, puzzle 59

```
F I L - G F B G M E A O Y V T J V P G I E Y
B T I P P M O W N U V Y M R L M T K U C O R
M U R I N Y A Z L O K I A C P L L C Z K J F
- H T K Y S Y V O I B I L E G U H M P - L H
N N Z Z L S S D Z B T T V H - R E U I M T M
S O G V H V B A V A K S G T R S D K E P U V
R D A M Z G V Z H G R I N G A V M U U G S U
J P O L Y N N U H A Y E A S M F T N R W J C
T B L Z U E S O C N R E T S E W H T U O S N
A K M Z G N M P D Z C S P H N W N U W J I Y
H M J R O A F G W C W Y B I A G F W F V P I
M G S K D I V E R S I T Y D W G U E J P M W
S C L M F R D O D P A A V W O D T A W O O B
Y Y F K I A - G R L Z N H Y R K U P R - J B
U J R D Y P T R B F O - D Z A Z G M T C A -
T L O T D I H A - - T C D S P N O Z K V V V
G V - S N R A P V B K O G C T N A Y J S E G
G P F P U O B H K S G L I G S O T S S P S Y
B M C F D Z I Y V A P O W G H M N I A E R K
I F C U G R T Z V W P R C S S C K E I Z R I
V - K W K E A R G Y N E I S T U S T F I I H
Z T K P K D T W E R A D J N T I I O Z O V U
H S N Y R D I M O - A U R G G N P Z P M M U
K C R Y - I O C F H Y G K V U D K L Y V U M
V M Z U B S N P J V G I F M U D A V A D H N
C F R D N H A M M H K K M A M M A L S O N H
W H I G K R - G Y A U O G D - H A W E N C S
R O Y M E K R J D V C O N I F E R O U S O D
```

National Parks Facts, puzzle 1

```
P I C L U O P N I G A - S B R I H L N P P U
F U G Y A K E K C B E V I T F M R P R R G I
U T - E S P B Y A D M D H I D D E B P V B I
N G F T I U Y G C B B K L K M G Y A M E G D
K S E W E K W P F D W F B W A V P B P E Y U
C M D - T - D Y R A D N U O B M C K E N M D
U - Y L B Y L D F D A I L O B U H I W N E E
Y I F - K I P I S L E N C D R M P U Y - S I
R A E F N N O W C R - U V L D A Y P I B T O
T K F N P U D - F H B T V A U N - - B Y T A
- O P E D M S I Q E E R H N C V G I L H I H
P O B D G N A L P O D N E D H A Y M E O M I
U C C L T C D B E K F K - S I P D C S K H D
O W P G R I S L A N D S W C P A W I V G Y Y
U V M L N P N C B M W T S A O P E T A Y - V
Y - R G M I S S I S S I P P I V B F L L N O
W R S H O R E L I N E C F O - H E F T K L K
W I A K T O N T A R I O H P M W V R K D S L
L D P R H C A D I L L A C O R R R K E E R W
L F L L E K V S Y T L V F A O V P Y B D A Y
G F W P P E R E G R I N E H E D C C T A C Y
N U B C T F U G R F V B M E R I I G M U H D
D P O B O E W R Y I R G I L P I E C Y B I P
V S R O U L G L A B G C V G L C O G U B M
R P W M I L A F A Y E T T E L R H P G F E K
U V O R N E M V M - U T F N T S M M M F T S
M G T E Y R A S B I N B A G I Y A D G K Y I
H Y W O V T S K O O K Y K G V D U G V W B U
```

National Parks Facts, puzzle 2

```
A S J C W Z U A B D T Q C P O T L C H Z F J
I P X Z G R K K E N E C O L O H Y P O M Q C
Q U L R B P C I E W W W R K Y I L J F Y U Q
P I M A O M A S E N E C O I L P H U K R M N
N E N V D N U D A A I C R L C Z I P A Q B Q
I V R Y T L T M E L Q W W S U Z B L Q P I E
L J Z O L I E I M P C A T Q R H N G D Q S I
T K F A D R I V A W N N X H J P M K J V T V
U T B C L E J Y Z J E T M B O Z P W E U W M
S F L C I C D R V M V H K R M A U Y D W K M
Z G A H C Q K L G N F J E G F W V L R G S O
D N N Q Z H Q A Q S V S M J C L V S W K O U
E E K X G W R R C Y T Q N C E X B E K E T N
P P X R X E V I A S B D O Y O V T N F D L Q
L P K G P V B U I Z D U W E H T E R C P L B
E I U J N P T D Q S U P E R I M P O S E D W
I R F H P I W W O I E F T A X J H V H F R Y
S A I B C H L H T D R Q D P U X Y G M A X T
T D S C N X S E U Q Q X Z O U W D E E A F A
O V E V P F V R K B L D S E S P A L L O C Z
C R O Z V Z U S T R A G T H X D X L L D Y J
E V N L Y A B C B L O L J D F B E V T R M T
N Q A K C V U R F A T N I C O T M T G H J Y
E Y C X Z A E L A K U P S U Y S S T W X A K
L C L P Z C N X S E Q U E N T I A L L Y M P
R N O E C M P I T Y I D J X R U D U W W T X
O U V L Z L A F C H D S X G A G T N S B Q U
M Y A R U C Q H H E R U E I Y Z R A G S E S
```

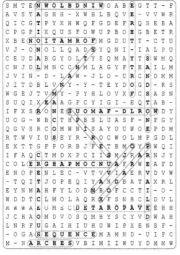

National Parks Facts, puzzle 3

```
S M T E N W O L B D N I W O A B E G T T - F
A V S T A G H H - X W H L B Q V E - V V W R
Q I C G T P Y X H W Q F G D E F R Q S E B A
C P G P I X Q U S F O W U P B O H G B E T R
X B E N O I T A M R O F M G D U T T - C T U
V J - O N O L L Q A D S Y Q N I - I A L P U
C E U D A B G Y O L T Y S Q M A Y T S W M Q
C N J D L M N C C N M L A G Y F T E A I L M
J V I N - D - L A W - J L O - U R C N D M M
J I T D B L V N Y - Y - T E Y D O G D - R S
W G E J T V M Y - P Y H L O V X F C S A S N
S U Q I X E A A G F C Y I G I - E Q T A B -
I F X S R O N E S U O M A F - D L R O W D Y
U O G - W B C T H P B S L U A S F - N F G Y
Q G V S R C O M W N I S A Y U U W O E P D M
R T W V I U S E Y R - R O C W O L M P G D L
E X T T G F P O R B J F E T B M O Y P W Q I
I F A Q C T M D X P C I I S M J R A R N J Y
C O L E R G H A P M O C N U A F R W E A F D
E N O P E N L E C - V T V V I A E R V D V W
- T Q I T J O P E Q I Y A N D B A T A R R L
E Y N M A H F Y L O D N B O F C C T I - O -
W D D T C L M O L A Q R X F S N H C L D V L
M W W A L U M E C D E T A R O P A V E E H H
J C H A O M D V O S Q M H Y S C Y V D W A H
L N R F U G A I H I U H U W I P X E N S F -
- O G A S E Q U E N C E M A M N D - U I F C
M - N A R C H E S B V B I M I I W U Y D M M W
```

National Parks Facts, puzzle 4

```
- A X U C F T C W D H T C P N I M K - K U X
N X X H P R T K A F C O - N A C O R W X I X
N B U U K K R I E E H M E F O P G O R H P M
W S W H E A I R T M H A U B N G A A B M D I
X W M I - H B A D L A N D S P P D - E X R C
K G C X L L E R U A G P T G O I H R X M - D
W - H C E C S E C L U D E D S G A N G P C I
R K F F F D L A X S - M R S S O I N P F P N
L G I I K N - C C L G E - C F O E - B B B P
R S B N E H C P N I T S S W - P D L H R G K
L N C - U N D S - B R S E D X P H - C B P E
K A R C H A E O L O G I C A L N R R - U P I
O I E B W N O M A L C F E T N L H K H C H G
N D T G O L I T T L E - S T U D I E D P P P
E N R N C L N K X N I D P S B W H S W D U R
S I A C R O L B D C S E T T U B E H A W H I
O - C C A G D O G D G B T T D R D R - B N D
U O I R B L E E X F T N H G I C R U N F S E
T E N U T A S I B D X W I F D O R G X O P G
H L G X I L B N X R X R P R W H H D T L I U
W A K G R A U U C W U M D H E A P C A W N B
E P B S H R O I X I A T E U U D D W E W N I
S X F M S I P W X C L A S O - - N G T G A S
T W C N S K G T D F D S T I O N C A - N C K
E B D K M A R L E S R X R E D O P K W P L W
R G P W U R O U N B C E D A P N F H E O E C
N R E B A A G - K H F N W P C F U C K R S L
B S U I G R R W A R U - X R C M B X K W R C
```

National Parks Facts, puzzle 5

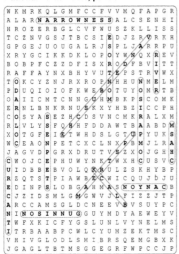

National Parks Facts, puzzle 6

National Parks Facts, puzzle 7

National Parks Facts, puzzle 8

National Parks Facts, puzzle 9

National Parks Facts, puzzle 10

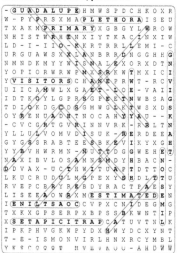

National Parks Facts, puzzle 11

National Parks Facts, puzzle 12

National Parks Facts, puzzle 13

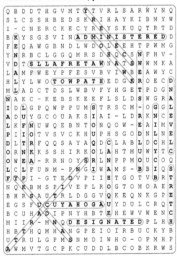

National Parks Facts, puzzle 14

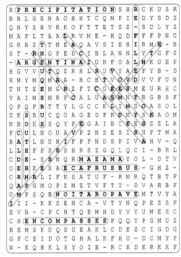

National Parks Facts, puzzle 15

National Parks Facts, puzzle 16

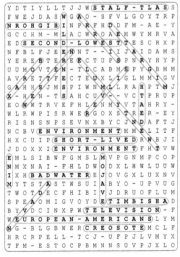

National Parks Facts, puzzle 17

National Parks Facts, puzzle 18

National Parks Facts, puzzle 19

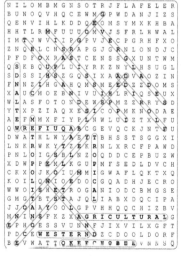

National Parks Facts, puzzle 20

National Parks Facts, puzzle 21

```
N S G R B D X - U R H A T C H A L E T S P D
S E L I B O M O T U A O E D - S I I - A T X
K N B N E K - R P U C O F E - R P H - S Y O
I D F Y E - D - R X G K R H M C - X E R X E
Y B F Y P P A O I - C T R K L A C M C E A S
X O L T N B D N S E S K L G Y N K H E R G T
U Y T N M L F P T I C F T B M A A H I O C A
Y - L N G G M U I U H Y L S N D N I P L R B
- P N L L S E A N - C A F Y I A L I R P B L
R Y O C O G L Y E R C E T R F - K M E X G I
Y S U - B A N Y P K N I P G Y U Y H T E U S
- T L R H P K E F A L A H S S N N F N G C H
L R I - I C R E T I S C E R X I L I E L O M
Y A B T M D E I B S S E H T - T I B C F L E
U T M B C T O I S U N O G F D E F T P F U N
L A U M R N S S C L N G H N D D B K G F M T
U O U N A S N - M U Y E F L A O C E D A B I
A - A L E N N F G F P F N L I R K Y H H I E
B D - C L F T H T N F - Y C X C - T D M A B
L K C - C O N S T R U C T E D R H B R E M F
P A L E S M L H N R D P B - P Y H - U - Y T
L C U G T I S E S S A P M O C N E H F S M K
N U S - E H T - O T - G N I O G K L D L I K
D N - S B A N B O Y S U O N I A T N U O M T
L C K X P S H L S F A K K D I T R - N A B I
R A H D U R T U X Y K C K O E G S Y E I - B
U M P D P N S I F X T L O O I G H C K N U H
A - A H U G M D R A R T T - G A S F - R G I
```

National Parks Facts, puzzle 22

```
X W O A Q U W T D A O P U A B M W D S P Q S
U K W X U E N F I K F Q P U C N F E M I V K
K T L I N G I T Y U O A F M Z O P I V H J E
V D W A V M N G R E N X R T C X K B X H G V
L V E T M C O E O H D J K R H D W F L Q N P
P S B C O W R N A G L U U C E U B B C V J Z
A Z R K Q I K N U E H E V R E S E R P J U C
P T J E U J D M D M M P J P W T R U A D N A
Q Y K L G L Q R T H E B P I A O N G C S E L
R R L R E N R H V U N N U D Z K U I C C A E
M P P N H K A U L L J P T L Y C N O E Y U A
K T A A Z K R T Z Y D B A R D J E B T G V
Q H K P S I O R I M C Y J O H Q G H G K E F
E S N Q F I M U U N X P Q A N S Y L A E O Q
O M G X X M G M M N U L C M R F G Z D N B W
B G I D G D D M Y S F P T Q Z H T N O T L C
Q N G L F G K T G Z Y U P P Y F T V D E I L
E X C U R S I O N S E Z Z P U E J F X I G G
A O P P Z A B V E E J W L R R I J V B A C
U G S O D F R X L T B I J P Q V P E Z X T V
B I N A T I O N A L E N R G U B J B Y J I I
O H D C J C B R V S L W Z Z Z O C H P O H
T K I P R F C X S B N J V Z X R U T X N A
P Z E V Z Q Q P Y E Y G E E U V D Q J U V
A C W I A K R F V R W U S K J V K N W Z Z
W H T U L C Z E O Z P Z K S I K I R S A Z S
P H U J D M M F A T E U E H F E G P C J M P
N C O Q C A L V I N M K W I A L D B G M W E
```

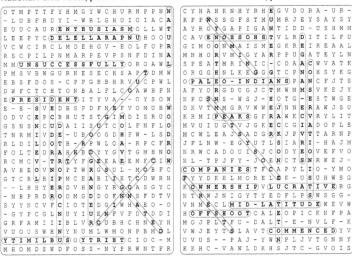

National Parks Facts, puzzle 23

```
O T M P T T F Y H M G Y W C H U R N P P N N
- L U B F R U Y I - W R L G H U I O I A C A
E U U C A U R E N T H U S I A S M O L L W T
L E E P Y C D E L E L L A R A P N U H O O U
V C W C I R C L M D E H G V - E O L F U P R
R S C P I L P N M A R P E V P S N F D I N A
M M U N S U C C E S S F U L L Y O R O A W L
P M S V B S W G U R N E S E C H S A P D M W
E B S F D O S - C P P G B B H R V U C P W L
D W F C T C H T O N B A L F L C O A W H F N
E P R E S I D E N T I T Y V A - - O Y S O W
E - E - S V E D B S P D F N F V O M U B W
O D V C E P C B H U T S T G I M D I S R U O
G S N S N C U D A I I S U T C O L F N F L O
T N R M I V D E - U B O O G D H F W - L S D
R L D I L O O T B - R P W L O A - R P C F R
F O L T E U R A H B D Y Y G V T G M H N O
R C M C V - T R T Y F G E E A E E M F C I W
A V H E O V N O P T W R G S U L - M O B F C
G T C R L R I P M C E A B I E T C D W R N
- - L H H Y E R D V H N G Y R G O A S G Y C
- N B P R D R O O M G D D O F N N S F D T V
S Y Y N C V F C I O T E D G I W H A E O - O
- G Y P C G L N U Y I U E N F V F D T D D I
G R F A M I I I B L V R O U B H C H N E Y H
V U O U S W H N Y N U M L W M O N P B M D L
Y T I M I L B U S O Y T R I B T C I O C - M
M H O M D S W D F O S S - N Y P R W N T F R
```

National Parks Facts, puzzle 24

```
C Y H A H K N H Y R H H G V D O R A - U R -
R F P W S S G F S T M U M R J E Y S A Y S Y
A Y R O Y G A P I G A N T I D D - U S H M M
C A V E N O H S O H S T V L R D I T I L F U
G I M O O N M A I S M E G K R E I R E A A L
M N H O R V M I G Y A R P P U G A T E Y L N
S P E A T M R I N I C - C D A A C W V A T K
O R G G H N L K E G G G T C P N O H S Y K G
O P A L E O - I N D I A N S P A N C F J T S
A F Y O R G D U G J C T M W W M M S V K E J Y
N P O S N S - W S J - H O T G - E S T W G E
D K V T M M G R V W W E J N N E R A W J S U
K R M I P E A K S G F R A W K C V R Y L I T
M V U I U G T V J G K E C C G I A D O P L E
M C W L E A J S A D G R K J P V T T A R N P
J F L N W - E G Y U T L S I A R I - H A J M
N R W C A D O U I S J C O D Y E O V E F V O
N L - T P J F Y - J O E N C T S N R W E J -
C O M P A N I E S T F C A P Y L I O - Y M O
T Y Y D K H L M O R E L E K - U S U H W S G
K O W N E R S H I P V L U C R A T I V E R G
N T R W J N I G Y T Y E D F L P S W S G G -
V N M C L M I D - L A T I T U D E W E V W
H O F F S H O O T C A L E O P I C K N F P A
M O J P L T F U - D A L T - E - N V L F - K
V W J E Y T S L A V T C O M M E N C E D Y V
U V U S - - P A J - Y W N P L J V T G N N Y
K K H C - V A W L D K H S J T C - G V O I S
```

National Parks Facts, puzzle 25

```
L - D B C G D R C H O P T B E E V M H D J W
M B I P U S T G R M D E - G P T M C R M Y V
W - A L E H W D - C J N H L Y Y - S B O L C
R - G L W P Y C B A S I N R L T A P A E L W
- G O H R G A P P R O C L A M A T I O N A W
V R - B L N D R A A I Y U C E M B L D O C N
A O E G T D P R U M D S D J J G J C - N I M
A S G T L R B N C H U J T E S C O L R - H Y
L J N N D D E S S E C C A L L Y E L S C P T
P M J O O E N I E U - B V C E M V B O L A Y
V - N M D S S P U V M H J U E C I M V O R D
V B T R - O R Y G J G Y E I W N O J - N G R
D J H N H O L E O S T L Y T B E T N D A O I
J A I H V T - C P - P E L I E J M Y E L P J
J C T L E M O U N T A I N O U S U M C Y O P
U T N B G W S B N S I B H C T A S A W C T L
H C W Y A M E J V J I L I A R P W U - R U T
E O W B S I T A M O E A E H J D I B G L R W
P N N - U W I L - B V N G S A C L N E C W R
B T D Y E A S T - C E N T R A L J H W G Y U
G I N C O R P O R A T E D R J W M D U I A S
M G A V A A M P H I B I A N S A A P D C A C
N U D A G E A W P B S M J R N R M J C A U C
C O S C - G C - T I P G H U D T M M M W S A
P U R M J U T R S G L H H Y A C A M C M W T
U S E T T L E M E N T L S O B M L Y T Y V J
H U Y M R N - P A W H A U U H M S J C D I T
M H E C J W I P J C Y N R - P I O I G N S D
```

National Parks Facts, puzzle 26

```
L W Y E Y M Z N D Z B Q K Y W F T F R E G A
D A K G E X T C G U D F G Z A T V T M K V T
Z N N L Y V R X L M S E S X G K K V X T A P
Z Q W A C R I S T O G J T R D B G W A Z K S
Y O P U V Z J E T H T P V L P Q H E L D O A
S M G I T Z Y F Q Z H L Y L E Q K E S L R G
F E N E S H X J O V U A N T W M R A J I C U
P C R Z O Q G T R I B U T A R I E S B R P A
C Q B Y M I H M Z U U E U N K P B A B O A C
Z K E S N V R W R U T B N I I U J N X C W H
H P V M R E Y T E O O N M W J A R G G E Q E
X Z I A E E C I Z S T R R E R L N R W P G M
N S N E T H E J H T T X X E I J B E S W Y H
Z B D R S W D M Q O E E G O T Y G N D N P O
G O E T A Z P R L A X A R K V E P E O O T V
D L I S E K E L I G L M Z L U D M B D H M P
F M T T F O J H N Y R K M Q Y D M I P P N N
M X E I Q E S T J F Z M D X N Y O W R F Y F
Q L Z M O N U M E N T S O F V O H S R E B K
P B K C K M U W A D I X Q S V J W L Q F P O
E R N F K Y H T L U T H I R T A F J X F E K
K M T W V B X U V N P Q K P O C Z P W D F Y
D G K M W H T G V E Q U V F B U N S N Y T U
R U J Z V Z A I N S H P C K W X X H N H E I
P T T G S J C R C D E P O S I T I N G S A R
H F B S E L C I T R A P R U J T X Y U O X E
B S L H F Z U I R B O J P P H R Q Z F T D R
T G H A K W X O J C X H F E I E P D E N I M
```

National Parks Facts, puzzle 27

```
T T D F - V S L R I A C V B R M I C M M Q I
- Q F E H Q E F V R R O R G M P Y F Y S N C
- - T D R K C M Y L L O H W L N U K C F P P
- U O E Q C N - C M Q E A Y B I N D O F N Q
- H W R S T A A B - E R P K N W W N G W S Q
W C L A N L R K P K D H P W D I E M Y K S T
P O H L E O T W O T F Q A L D D L M P Y L O
I I T E L U N R R T L G L D O F L O V I H R
O R C I B L E I N E L M A F B Q - R N U U C
A Y N G - R C D I C F Y C U I R P Y H - A I
Y A Q T C S E D A C N L H U V O R Y H M L D
G N W P B A Y A L I D - I R S R E L - O G F
Y W V N H R U R S I E H A F L L S U I O S V
F E I Y O W H G E V P E N M T S E N N P Y C
V O M R I I Y T B O U I Q E P E R B M P Y M
F C G I T U Y L M P M P F O D D V A Q - W U
V Y R O T E D A E S P M I L G B E E R K Q -
P M U K B - V F - F Y Y T V U H D - E S B R
M F B V I Y D O R L H A F G Q B U Q N I T D
A U N C D Y B L M E K D U T Q C R N I G L S
O F I B P E T E O A Q C - Y R S D V L H Q U
L E L K O E L F U D I U Y B S I F G R T W N
Q W T - B O E A C W Y N E L R M U S E S H I
C T A W B L T D N C H D E N T P A S T E L R
H S G A S I O N - O K D O Y T K I M N E G I
T E E P Q M S T R A D D L E S F E F E R G Q
U P U G K M M W D F N K F A R H D L C S L B
V P Y W Y O - T V N A A F V Y T M D O F T W
```

National Parks Facts, puzzle 28

```
P F O X G G C P I J P I B T H E N L - I P -
O W P F P - N B G H P O H E O M G H R A D P
A I U B F H O R S E - R I D I N G W O C S E
M L E L E T L C F G U A D A L U P E C J R -
A W U B M N A I F O B D N W N W E N G U J S
U F J H N P M - T U B T F P T G J D - T G P
G O G - I J R P T E H B L X E O L A T D W R
J O F T E W E T T A O S - N L O I E E F F I
P F A B N U E R - D B U T O O C X H X G M N
U N G A - R O A S O I S H B J D W L A - X G
M A H J F L B M R G L J B I S O I S D B S
I L X I E M W X C A T G N - R P - A - C F D
C O E U R W E J A U O - L T F C E R N J E J
S L M S J A A O E I O G B L N E W T E T H D
D D R T J E L L H G T P S S X F W T W S C C
I T L - F G H U L O H R A C E O O R M E C H
W I G G R E M S C A E U S X I W M A E U X U
O M J E - S B H A A C B E G E B C N X W O D
L M - - C C P T F F T E W R I U T O I U W -
U U H W U O C B U U B C D T U M B J C E F B
T S M D E R O T S E R O E E R G T I O M O B
O G O X X B P A H L - G E P F S D H O B R G
U E F S T S E R O F R I F - S A L G U O D A
T M U W O J I A D B D D E L I O M D H H F A
M P A H H C A O C E G A T S B L S C A R R
B I A - S L J N R T S E H G I H U P N F J O
T G I B J L - B X N L E W U U N M D B - W H
W E L L - E S T A B L I S H E D - D H A L A
```

National Parks Facts, puzzle 29

```
Q T A T N A M R O D O D P B B S Y G K P G X
S M E B R T A T L C Z K Z D O B D B J O K R
M D I F F W F H G H Q F U W E L O W P F D D
H E C U D Z T J P F G D K J R I I D Y P D S
P U M M E I D P B W W L V A D O C S B N Q Q
M Z O V N T D G G D V X S J E Z A E X A F W
F L W C O E B S G U T J X V T H H P C G C P
I X K D S N L R Z E P T A F P N J S O A V Z
X K F T I M W N A H F P Z L U Y A T W R R U
A H I T R B N M E V O Y I X R A Q E D D J X
S W H N P I X A Y G W M K G E B Q B J J T B
X W W E M R I U P U K I Q W S T N C P T D R
H M T H I N B I W K P W O E W F Q Y T E I F
L F J T O Z U U J A G G R V H A K R N K I E
B P C G Q B K H G N V R V R O I G R F F G
T Y T N U C T U F H A K F S L W S F Z S R Q
A R W E J T L I B T T Q J Y I O S L R L W P
C B U L H U X S O K A W N I B E X X Y R S E
U L N B J E W R F N Q B H A T T Y M Q X M Y
S R P B C C Y G E T C J S P I Q X O Z N N F
H H K E G O J X V Y G A E A A I Q B V A B T
V L Q S J P S Y W B E Y A N N U A V D A B I
M R L X I A E U A L I K K U I R M W B V E E
X S L D K T Y A Y F A A A A P V X P A J A X
R I E B Y C N D O A W C Y M M V R N P B F S
G R F D E T A N G I S E D S P L A F U J B V
M Y X F O Z Q Q D T R O P I C A L C W N Q B
T W R X N E D F T R N D D B F U G Z F X X O
```

National Parks Facts, puzzle 30

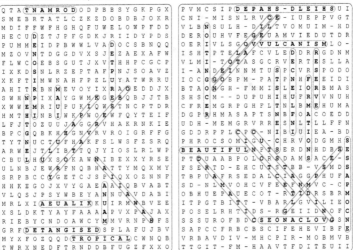

```
P V M C S I P D E P A H S - D L E I H S U I
C N I - M I S N L R V C E - I U E P P V G T
V L B N S U L H - D I L T V O M U I M - H D
D E R O U H V F E G E U A M V I E D U T D R
O E R I V L S G O V V U L C A N I S M L O -
I S H T P T E L A F C V L E D D R R G D N M
V L M I - T O T A S G C R V E R T E S L L A
I - A N D E I N N M T U S P C V R S P O O D
I O C G G O B P M - P A T P N H F E E I D I
B T A O N G H - F M M I S L E I O R B M A S
S H S C M - - D U P U H I H U F R V V N U H
C F R E M G R P G H F L T N L B M E H U M A
D G P R H M A S A P T S N B F O A C O E D D
U D H - M E M G R V R R E S N L T L L F F N
G D D R P P L C P O - N I B I U I E A - B D
P H R O C S O M I G U - C H R V O D G M H S
B E A U T I F U L N F T S E R D N H D B S E
P T D U A A B P O L O R S D A M S A C E - S
F S E R T D - E H C U T S T B B - V S M D S
T B P U A F R S E D A L C I A G G P H U F A
S D - N L M V O H C V F E E F N M V C - C P
O B H U E P A U E C O T - R T T D R S B R M
I T P G T B I T T - V B A R L G V L I E O
P O S E L R H T I D S - R G E I I D N O F C
S S S U R O F B D C S E O N A C L O V G S N
S A P C C F R B C B S C I F E H E V I B F E
V R B A V D I V - M H C P I R - M O B M V B
T T G I T - F M - H A A V T F D I T E U I I
```

National Parks Facts, puzzle 31

```
Z T N E M N R E V O G W K G Q I V J T V A K
L J O S E I S A E K A E P S U I H D N T D N
E K E Z K Z C N Q K O Q F Z A Q B N R R R W
N Y X S I U N A L T E R E D R Z I E N Y T Z
M S Z Q I N N N A T N X Y N T X S G Q Y O C
A Y U K A A C O N F P Y E J E S A E Z N M I
E Y M Z U N O O X O A J X R R M S L I O N P
O G P L C A N D R K I P D G S C N Z P I G Z
F U O V M T A L I P C T R L C O A I Y T N I
O P A J P C X E V D O T A A I S K E P A I R
J Y J C K H E S E I R G E S Q R Y S V L G
M U I R H X A W D T D L A R R P A G F R B Q
D J L K A I D E B A U Q T U C F O E E M Y
F R Q C P C T X N N Y F D F E G E N T S A J
W D L C R M Y B F I X S A E F D W R Z N G H
G O H L R T I E W M U S Y N M E U G P O P Q
I N O E E B Q M W A U E P Z E U X S N C J T
G X I N F Y G L W T A C P P M M Y G W G S H
B Z Q N T W Q F D N P C E S H L O P A F I E
L N W S I W T K O O U U V S H W E N U Z U D
J C J W W A P Z U C G S R X F N G D E X E R
V N M Q P G R Q Z N D O E I W S Q E J H A U
C U A E S Z F T Z U Q Q S W U U T R V L P A
E M E D I C I N A L F S E E C S H S L P V D
W M V P K U K T Z O W I R B O X O S X C Z H
U L B E T E M O A E U S P Q N V T V Q O X U
Z Y C Y H P O S O L I H P R Y T Z P I O Q K
K R A P I Z F D I J Z U D G E M K G A L F H
```

National Parks Facts, puzzle 32

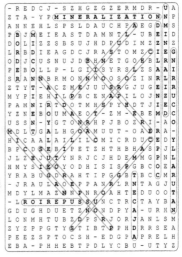

```
- R E D C J - S Z H G Z G Z E R M D R - U A
Z T A - Y P M I N E R A L I Z A T I O N N P
A N N E H L S P S L D A U C H P A E G D M S
P B J M E I E A S T D A M N T L - U B E I D
D O L I Z Z S B S U J H D P U D I M Z Z N Z
L R B D I E A G D C J R A S T O M Z C I E G
O D J C U S N U J D B H N E T G O H B L R N
P E B O L L P - L G I I S Y R S L Z S A A I
S R A N N B R M O N N M O O S O Z I N R L R
Z T Y T - A C Z M E J U U S R G J U G E I R
M Y P I E H I L P B C E N A P I L O J N Z U
P A M N I R T D O T M H S P Y H D T J I E C
Y Z N E B O U M A E O T - Z M - B E B M D C
U S S N - Y G T O N R H P J B O Z R I - A O
M D L T G A L H G O A M U U T - O A B R A -
H I C A A L A I L M E U C M I C R D U C E D Y
B P C D S E B I P E T Z H T H B H A S P J L
J L Z R J U T Y N R J C J H D E M M G P N L
H M Y S I E O Y O D H I S I S P G B C O E A
Y R A B U G D R A H T I P G G B T B C C M R
- J R A U L A O E P P A N R R L R N T A G J U
M D Y L M A Z N N P N R O A H T E D U O O T
- L R O I R E P U S S U N C T R C T A Y B A
G D U G H D U E T Z N O N D P Y A - U R H N
L O N M H T U B Z D P S R J O R J A N L S M
Z Y Z P P G T Y S T I B T P P H D R R S E A
P E E Z S P T O C S H - E D G P A P R E L H
E B A - P H H E B T P D L Y C B U - U T Y Z
```

National Parks Facts, puzzle 33

```
Q P X X B E R N A R D I N O K G W X X Q O U
Q D F V N P X A D B O Z Z V L J A I I T Q X
H Y W I M C R E T R O H S C Q I L N W V Z S
R T D X Q N G I U W U X N Z W C S C M T G B
G H D O Y U K F Q N S H S R O W M S J T C L
P L V W I E O D S V O V B L H I N C F W L V
D H M P K X Z D C D R W I W J O S H U A T O
A T P D B H T O E W X C E L I H Q A K B G H
D C Z M J E G G N F D Y E T U I C R B P W D
T G Q Y H E E D O H R T A F U B X A H F V Q
T G M K B X L N S C J L N J B Q N C B F G Z
C H L Q Y N K J S B U S L H C R T T E N A A
Z S E Z Q E U E I G M Z V J S F Q E I T I E
T Q O E C N T V E X X E F P O M U R U F P T
G F Q Z S C R R B O H P Z E E T Y I P U N U
C A O A L B C E L A X O P J E Y F S A Y Z Y
B A J U C Y G L T V D B Y F T P D T W F W A
F K Q D V K R O P S M L E B J C U I U U A D
O C H E Z S W T C H A U X W S U I C S Z Y Q
O Z V T M T U F N E T E L B O I A S G X T H
R K J A M A N B J U R Z H C C Y T U A E B X
U L A N K C H E Z O O I R T K H K N T C F N
I M A G Z T T K C O W C D B U T Y I I L X R
L K Z I R B I S K W F R K Z U O U S V N D I
S I A S E S W I D L X Q O C U J S F Y P Y U
U M O E L A G A K C A P K C A B Q M D Z H H
M K Y D Z N R U C X R M D F L B Z S J E R S
F K R I A L J W K Y W H Q R G E I U A W W P
```

National Parks Facts, puzzle 34

```
H Z D C T I S K U O Y I W P E H G G W W S C
M Q C S H J V S M T V M H B N P Y K N Z V A
W N W Q N M W S H O U V S N G Y R U D W J U
F L C E M W M J N Q J V U Z D W C T T F M L
C E N T E R P I E C E W F T L V J U N A W G
O H B G S R E T R A U Q D A E H X C N Y W H
K N V V N A K S A L A P G Y C C C E I L H E
Z I F E O D C Y Y D H B S I K N M M P F L A
A T H J A J F L W O K Z T I A H Q N S E G A
P C V M W N K K T L Y S R A I R F Y Q T A Q
X W T H Y W H O S O A H J E D V V Y Z B K X
F A Q U M K G O E L R O P R O H P K W T J Y
K A Z D P R S K C N L P U N K U Y W T G T N
R N G P A B H O C O N G R E G A T E R Z Z Y
I U D P X O R G B V Q A A D Y C C F E W F R
H B H Z Z Y Z X J A O T P V D E O L M E E T
C S V J P B R J I R Q V K D N K J V H Q E F
Y S C R X O F X A U N E X V A B E U B O M G
B G U G B A P B J P N H G D S S M Z Q X A V
A Y C A G J Y U H T L U T B U K H Q K S N Y
G Y F M P E Z X L A Q T H D O D W B P S Z S
K D X M B W A F E A X A L S H T W A S F R X
Z F Y S C U N X B L T H L U T J D U H M V F
G R Z V M Y A D Q T S X K G E L F K A P B J
M W J S B N K T O G B A O Z E V K T C W U F
Q W M N K A N Z M P P R H N X P W W B G O C
C Q N B H G D O K S H H V Z D H W O F P T T
O G W J R X E R K C N I O Q R I M Y Z C E P
```

National Parks Facts, puzzle 35

```
U A K S E W A R D D V V H H V W L L C R Z P
T X R A S S U O R E M U N E Z Y L X L M W V
W O K S A Z K T I A W A G A G I S J Q T X W
L S W E T Y D L T W P G J M Z H J N L N V G
W C E T J W C O I I L E Q U G V B Q W Q F Q
N W F J A R Q E M L R I T U J F Z G J D T X
T E C M P N V E S L T B E B B P X T H J E M
R S E G K T K I N W T M E P B N B P T E R N
U V F J O R D S G Y B N X L G O S L T B R U
U Q E S I N A E B B I R A C E Y X N P D E O
N L A R T N E C H T U O S W V C L O S J S K
R S W F S U R M C U J T T X N U M Y T L C T Z
K O M V Q C D O U X C E F U T U X F A A R S
N U G C L F D W L C M Y Y O G O G F M S I X
O R Q I Q G C R P B E G L Y W E V O M V A D
I C V H N N S P C H E L Q W O J C D A M L N
T E F W S E E D H U A L I G V Y J O M Y H I
A Y L O C X Q E T Y G Z C C S N V E W A O B
N H E Z U T F S B R M J N E M U I D C H N
I Q U S N T Z T D L M X L U R V H I R A W F
B N S Z X I N I E L U T V I P P E Z D J I H
M V A M N O F N D E I W N Z L Z J P A B L B
O V A M Y L G A B U Y G S M F L X T E C S V
C W D W K P W T Q V E S D U Z R A H I Q G W
C M N Y S U Z T S U B S I D E N C E N B A J
V T L B W B T O M J P A E G P Q E X E P S K
I L U K U N P N P D H B T E H I X A A C M U
M H M F A G T M Q P 7 X D D A F A M Z X L P
```

National Parks Facts, puzzle 36

```
H M T P A H E O K O O X V F K N A W R G L Z
B E U R A U P J V U D R C X L S V W G J H Z
P A D L O R O U X E L E V A T I O N V R H Q
A N D E N I G A Q S L S J D A G L M N E U Q
Z D I Q T B A N E N U L P E L Y G M U I O A
C E P N X R R O P T O K P T H P G L Z B F R
Q R V Q K E U S Z G H E O A W P Q N H Q I H
V I S B S O S B C K O C G R K S T K U Q B O
J N H N I M E D J U S Q Z O S W L C E W W H
D G O A A O A D P W E F M P T O Q R N O R C
O B S X P F U O Z K R A M R V D C A Q E A X
J E V M L O L Y Y B W U F O R A P O M Z O I
R J L L E W T A V U J Q R C R E X O G T P N
U Y R E N S L U O U W H T N Y M O R X Q X S
C D J K X M A A Y A T T K I I X A V J K Y B
V O E K G Q U H W E Z M V L E N E I L P P X
M L U G P W K F L F V P T A I V E S X R F X
D O I C E B E N K W A C N T V F F M Q W L Z
K D I G F E V L R O O I I B B V K X F D S I
A G Z E U E P Q T O O C N N B D F J G P L Q
F E N Y R V K B C D D T H G F A J A H W I U I
Z P Z P O Z G X X L Z F S G I C A C I L Q L
E O U O H I L J X A T D B A D X C F M P A D
A L T X T M B N G N Y Y J T E T Q H V L G H
V E C N N U Y P L D E T M M T Q E M H A I F
T Y R E F I N O C S A R F P L D T B I T V S
U N J F S N E D E E I S T N M H C B Y K G C
E U V B G V H F G F J X O Y T Z H M B G W F
```

National Parks Facts, puzzle 37

```
E N U Q R S L M G G S L E D D I N G H Y E I
N A E O U M K R Q D S L S W K U P P D D O Q
E K S Q Y D D N U O R - R A E Y Y W P L C B
Y Z C E E U B E Z T O K H L F F M N F Z R O
S E I M M O A U R O T D C H O G O I A D E C
H H D I Z E M R K U B O K Q D R - Q L D S H
R S C G I P P E U W Q D L U T Q I Q W Z K G
O M I R U H K S S N Y N T E U N Q O P P - O
R F A A B M G L K M L L W Y D Z Y I M Y L M
M R O T A S Q W P N W E P U - A P W K U M Q
S Z P I B Y H C Z M S F E C G S O C F F M Y
I Y U O D D T U - T F - I I C W D D U P C L
Z B S N D P I O E F C T F T H R G R B - A I
O Q N B R O S R K T C N K M O K T - E P - N
F U P W W P N K M R C S A M T U Z Y Q H F A
M G L K W K S Z A W D H B K R S R K W F J S
T D D E G Y G B S I W R Q Z A I B O S M E F
L A A O B K U C C N S G D Z W O A A F I Z A
N L M S Q S U O G U N Z D B R N H M Z Q Q P
H T Z N R S U K N P O Q I E E C B E H D Y Y
S P I K Y R L N O I W N A G H Y K G M K P C
I R B T M A - E E A M L Y O C A L P W O E L
F Q A L W Q R W D Q O U R G M R P C W R N U
E E I Y E W Y Q H M B G B R L Y U S T A F U
E Q R L U O N F M - I P T T N H O T E C T -
H E D O Y Z - U R B L T I K H Z E F G - A B
S R R Q S P U P D R E T Y O T U I G C U B Q
T C R H S D E G O Y T M Q M E Z B F H W M Z
```

National Parks Facts, puzzle 38

```
H B A Y F F K Y S I A B C T P K A C C E M I
P B F W T D Y B D V L B C Y N D F D V R I D
U B U G C I E T R Y H L A T - K P - - U P A
C T L C N A M E S A K E B F F R G E O P U N
R A D P A I H T R O W S L A O A - P I T G O
R F Y R D K N L K Y I U W D B I H Y W I K B
M W K D U R V W B Y O R U D C N O N B N P R
U W G K G S E L A O V C K C T F - V V G D A
T D B R I S T O L P T I T D A O R F P I L F
T R M A H N O B - I S N A V N R P U P T K G
N E A L E M H C V B L F F R E E R K N B R E
R U D C B Y V E K E H K S - L S P D A W H U
H - E O C - C S T E Y S - T U T S - L H B -
C G M A D L K T N W Y F U E T S - S G R K E
C N I S Y R O A E A D E D W N P R F P V C M
U I A T V C K B G R K P - F L O F E T L S L
Y R L L G G T L C H V D G O R A V V W A K K
K A C I P R G I S O F W A T E R S H E D S S
K E O N D F B S W D R T Y R E H S I F H O N
L B R E A V W H O Y P W N O K A B T I S Y B
H - P V - U T M Y L - N P Y R L W M L O V U
U N C A O S W E A B G O U S C M T D O C M V
F O O I F C Y N Y K H Y W G B A H U - P O R
A M A P L Y E T D D R S K G U C R Y E T E L P
D L M H T S O B S P P M R U G I T C W O V K
L A T R I K G - P - W O T R P N C S G E M U
W S F K I T F E A T U R E S M E Y I V I B G
N T P U - F F M O H U P E L N L F V W D L S
```

National Parks Facts, puzzle 39

```
H A G W M M C - U O M E O K N L D S D V W R
K I R C O P P C E N P H K - - A B T R S U L
O V K M T D G W E C P O W B C B A D S R R R
K I K S W H H S V P - C D G H W R E V D G M
O C C A I A O G - O C R W P U K W V B T O E
M D T A M R S L A E C N I G S - S A B T D I
U U A B L B S A D V I B R A L R K P I N H R
C W L U R C C T R U M S R B B P D N M D - C
H G B E A L E I M I L M K H S M B U T T E S
U W O D G B P S W E C - D T E D - R U H D R
R C U K W C U - T K - M P C O W A C - N M C
N D A D L W B H O S K R O P D C G E E V W O
I O T - S T B K R U N G C E I U D M K U U P
N G R B - L L B N P N N H T E N A B U H - S
G T O T W W G V L K L B U C L S H T P M G O
H O G E B A P S K W G V G W - D S U E S - U
V L R D L - O R - R A D K H P I D A C I D T
L A T D N L S G O U V K D H E O U L L N A H
- V A V A T U O H P D G N O O N I W L A B E
A K R G - B B K U E H N A A M - - M T C S R
E B N - P L D V D T N G E N I I L T D L E N
E W H A O U U E H - B H I W P - N T U O K -
M D D E T I C A U G M A U N G E B A K V A M
I W C A B G T O I G B L R M S U E H N - R O
U C M P V M I R N N M L S S I S A E K I D S
O U M B B U O T G K T U A C E L G K P B D T
G P I P - D N A M W I L L O W L T S R V R V
R U - G I U C L N S D I M - V U D C U S C K
```

National Parks Facts, puzzle 40

```
L O V A A W G W G - C D H O W O H I G D U G
R C A U E H M V A C E H W N R F W L G M P L
N A W E V N W T O A F M N F I T H V I P K U
N P - R C N P F Y G M O O H - L I A K R U H
W F U S M E D I L V L G P W F Y W D E L O D
Y K G Y K S G E A T U V U H C W V N I H T W
O C T M S S E T O F - A O E I I H Y D Y M F
- C P L K L A E M U S C I V S N G I V O M U
S U - W V P R S I U R S O T U T P O L K Y W
D F W F - F I R I - E E T H R E M M E F G H
A V C T E - E F I M S O D D V R L V C P T Y
L V M - K W L P K G R C P M E N C K T U E -
I D W R O W E Y K - Y - A N Y A - - U - G T
T K N G W O D C A C - P M S I E T I N R E I
R C G L E H T A R N M M S G D I N K E U L D
G O K L R P R L W Q I R A M E O U V S P E L
M O Y C M R I A T U S K G T N N R C U O O V
T L P W I K C H - E E S E Y C A A D F U Y T
M D P E - R - W E W R M W D O L R E - Y H O
W M D K W F L L K O Y H A E M T K C Y A - O
U R R V L - I K Y Y - D Y T P Q E S L O M N
G L I I S R T K O Y Y S S S A N N W - C S G
D O N I A G A R A G C G S D S Y T S A S V G
L T E I C S P M - I Y T R S S L U I O L U V
F W A L T E R N A T I V E S I W C G O N C F
U A L G U U V D M L T E A C N T K Y N R Y I
N F R E N I L O N T V A - G G D Y R O F G T
L C N M V N K H M Y V N A C F H A H L K C V
```

National Parks Facts, puzzle 41

```
W N W B T E H P H Z A B - K P A Z T U S L H
Z K O O N P W U A O L H Z L M F T R N B E M
M F T H Z C I E L L E L A G L R L Z I R - L
F Z B B P D W B H U E S G C D Y A H T U O E
S P I U P R E L E I P O Z F V H L T R B H T
Z M O - M S R O C P Y - B F T E M I H C S
F Z E A P T N A I R I D F I M C N P Y - R L
R N I K P P D N F E H T - N N - P F B P P U
G L O - I O Y H U C Z N L F A D W H F K I D
N R H Y T S G N I L L E W D Y O I W I K I C
I E W P B R E N Z W D Z Z T S Z H A E G W B
M O N T E Z U M A I A C Y Y P F S V N M Y A
R - A S O R F U G V E C A L A P E D V S T S
A Y S W F S L L I H T O O F C U M P I F I K
F C - O S D R C H H H L - V A F I F R G L E
Y W A L G B R F T G A O K E R L - A O C I T
S H E G S I I S V F - R T G C F P O N V B M
O - A W N W V A D P B A M M H U E R M B A A
H P C G A A F E - M D D M M E S R U E Y T K
P K I N V - M U R W G O W M O R M K N S S E
S I G F A R B F S D K R F A L T A - T B N R
M K I H U K P C E U E Y S K O G N K A P I N
T S H Z - W F O E W C A G C G S E Z L F K I
I W N C G M S C O L O Y N B I N N O W W B D
D D G O R H V R Z G K T C S C G T Y B P - W
M V P E A S R R P D L S O Z A A B F Y I K A
Z I H G Z P H U F K N V C R L Y D - W T S T
L S K D - U Y G P N F M D P R Z H D W Y P Y
```

National Parks Facts, puzzle 42

```
E E I A U S V B P B V U W P - H F U G G B O
R V W D E D U O R H S F - F S A W O E I O C
I O H M H U V - R M W D N D G S C W W N R W
E A S - V - N V N - P T V L D H V H W O H N
A - C T E N O R M O U S B L E V C F P M S O
G H H O V L A I U D - L E O L E D U O N W T
U H D B N P C F T - H I T - P G E F A N T G
S L M A N T O R U L F N F I N F P P N U A N
D V E P O B I N U W S V V H F O E W H C E I
T W O C L E N G O I A B B I D C M D - L - H
W I V E D N P N U V H N W H A - U P H R G S
- H - - C S W - O N O L V W C L S G C I A
N W - T G S H T P L U O R U C S G B M S D W
V W F D R - B G D O H S A C A O V H W N P G
F T R S O F E I L C C E R R N - - U E O V O
I W A T W E C H U H M U O E C T U W R B R M
O - M R T O A O I W E P T I L E N F H U N I P
P I B A H B B C F M B U C N M D G P W M I M
P F F T I W D W M W - N I I B B M C C P E W
U V I O S S B O I L R P M A H N B W - H C S
T - U V C G N E I M L A W R P V U C F B - P
S F I O - S B N I A I H M H V G L - S U S M
F C T L W E C N B I - U M B P M R G - U S G
- V R C D A P U B T L A R - D V R I L O P V
- G C A G T S M O U N T A I N E E R I N G T
L M - N - I C W E U R - L L - P O W W M L R
T B M O A B S A R - P I G L S L A A C G W R
R U P I D B M G V U P L A T D D G F U W H V
```

National Parks Facts, puzzle 43

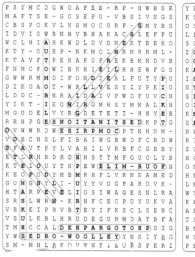

```
P S Y M C D G W O A F E E - R P - H W H S R
M A F T S E - G C S E P U - V B S I V N G S
C B S P O K V L N H M O C U R F - S M Y B S
I D V I O W B N H V B H A K A C S L E F P U
W C L H I A H K W D L D V D N E K T B E H O
K T Y - O U B P - N K M O L N R N R H M L -
K T A V F T P E N A F U F R E K B M N D V B
F N M C F O W I B K H I E I L H H E W F G S
G W W R M M D I F O N D I E A L F U T Y P U
D I K O A O T - W R L L V E S Y I Y P K I U
L D D C - B N R A I D A I V P W D F U V C N
Y I K T - I E O W I R G M H S Y M M A L K H
M G U D E L V Y R G D E T E T I - H N Y E B
R R H P G E S N O I T A N I T S E D K P T G
O V W W R D W E S I R P M O C P T N H N M -
V D E C N S L F I B A I W G B W D F C R D W
S F A V T P Y L V A H I L V R B F C G B B Y
E T L R H B D R D H N S T T M F G U O L Y B
K T E I O U Y T N P E W E L I M - R U O F N
K E O P O D Y M B M R H F L V R N K A M E D
G U N G H Y L I - U Y Y V U G F A R O V K -
H T A R P E V E L I O S I W A G E S N L R A
S R S L W R N - K R H F C E C P U Y U K V A
V B K E I P H V B T E Y I F K S C L S E N C
V S U L K B L H R U D E G U N M D A T B F A
T M H C C A L D E H P A R G O T O H P S I G
Y W S E D R O - W O O L L E Y Y N K I Y H G
S M - M H L R K O W W W I I L U R S P K R I
```

National Parks Facts, puzzle 44

```
Y Z E S R W K E D I S N I A T N U O M D O -
K Y E - A O U O U P O B W P B M U W U S E O
O Y T K E D W U Z E P S M K D H U L M D D Y
L P A R R O T L K K P L O A Y R L I O I - Y
S U R L E D Z S S W O T S N F S C I N S B T
Z C E U Z H U T U U R U H C P T W D L W C T
O O P I U L R M U L T I - D A Y Z - D Y L T
K A M Y N D - N F U U - F Z P D E Y U N N T
I S E U D - Z Z S O N H A P F M O Z S D E F
N T T A Y W B Y D Y I I Y Y S M B T P I O R
S L D M E T O O N F T S W F - H O B O K C R
O I C L B P Z H F Y X Y I M M O U Z E E T P T
S E R F N A Y B C I L L Y D L F E O - A I
N W W S K S R K K H B I O S P H E R E S P D
R I O O U W U Y L T Y K N T D N N C A Y L S
Z O F O M O Y H M F L E C Z R N P M B A W Y
H O R O L Z W B T - D F E N K C T A C N O A
O N A L D R - A U I Y O S L I A B P A Y Y A
H N N R E M O T E N E S S P E B I R F A Y S
L M K E T A R T E N E P M A O B R A L Y M O
W Y L U O U P P R Z T Y A S C O W Z I E K -
K W I Z L Z P U I O L U O D W K H P C M U Y
A B N - P F B C N O W R B Z B P S C - L E H
T S A Y W Y Y U U F Z U S S L Z D - T M E D
B N F C H D B D O - M T R ? ? I R N = R K U
W W F E A H E W N D M E S Z K - S L A - O P
P E N U F M U Y H O W T P E N I N S U L A M
```

National Parks Facts, puzzle 45

National Parks Facts, puzzle 46

National Parks Facts, puzzle 47

National Parks Facts, puzzle 48

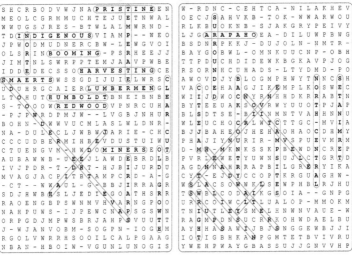

National Parks Facts, puzzle 49

```
K K A C S T D I B A C Y G R B X Q J O H X M
F H U D S E I C H O L L A E I K F S U Z G V
V W P L W C I C L A K N F L C N V Q R Y Z B
E Y Q E P U W T M I K E M U N V C Y Q O Q B
M Z L R U D R J I B U S Q D I R E O J X Z Q
O Z N F C L N E S L A Z S L L N B I N C W I
T U Y I E J Y L K C I R P H N H C V W U E L
S E V R E S E R P O Y C Z P S H D R M C X D
M L E H A W T D U J Y A A R E V O O H G V V
A P H E R B E R T U H U U F X N Z O E H Z N
S W Y W T V Q H Y A H J Q M I F F K F J D D
B Y O U T S K I R T S L G H L A C D I E D S
L U J A S E X N N W Q X C R G U J F S K A X
J B Y F S M G A I Z O H M A Y N M L R O N R
I A L J R S L M Z K J W U H R A G Q E N M E
E N E B O L P E O R I A T S O N P F W E B F
K S T V Q K N S S D K N U O A F E P I J P T
A A A B B Q P A K V D T A T Y C X G Z E T V
N P M M E R Z K A V C S E R Q T H S I J Z B
O V I E K N X E C A B D I Z O M L Q R E Z F
S M X C O I H E C W F O L X G N C V U P A V
C R O G W V L B J D V X Y Z M Y O N R R A J
U M R S E N S V M B U P Y S A N W S O Z P A
T A P C Q T V R X G A A G K J A N B D W Q S
J O P Y A I C A H M A B B B G G H C Y K T Z
H W A T S O M N R E H T R O N F G S Y K J V
Z U T H X P Q R F Z H P H A M L W R W P B Z
Q O X G A F E O X N W R F R F P H R N Y U O
```

National Parks Facts, puzzle 50

```
Y N P R K T P W M B Y E N T I H W C N B Y T
G P G U D C I O U U Y A H U K O A G P N M Y
O E O K A K S D K L A U - O Y A W A A V D S
A S U D O L D B U C H I C H O U L C E C - H
T T K I V S V T N L E D O H I E I R S B R E
B A I Q Y L L E A - B Y T T H R T P E H Q R
I B O G R A Y A S T - G B Y E I M Y I I D M
A L A V U Y Q S R M I L O M C O Q B R G - A
O I D - S G G D V E Q N A A A - D D A H M N
A S Q A Y G N C Y Y N - L - E K Q - D E R A
L H K S - L D R N A O E G Q R C O Y N S P R
I E B P K S N E W R O O G W D A B R U T S C
Y D V C V A H V U E A Y O V B B R R O - U N
H D M U R L S E G S I P K M E E P Q B E Q V
D M - T H U O H N E Q A T S - S R B R L D B
U S R V S N S A U G K H N B I R P P R E R G
K W G D H E P H E W B H A D N O S I O V M P
L C O Q B S Q K P Q W G I W U H T T A A S L
- Q S B C W I D O C H H G K M Y G M D T B V
H V M M I Y A K O A - K T I L O W - L I I P
W - U L - C D W Q I D M W G W P V I E O S R
H U G K P H Q O S G A Q H I I B P C S N G N
U D D E R E T S I N I M D A A V V A S C P N
T L B T P O E N I P L A - H G I H R A T R S
D V P T Y P O M P K O K A S W A Y S C O - M
H Q Y B T E V E E O A Y D A Q C R K W T B Y
T H P A C L W W M M E H C B N - U B H R Q W
W T K L Y U Q G K N U - S L S H U C D B O G
```

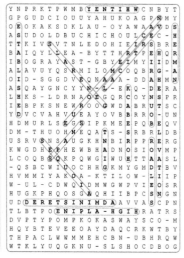

National Parks Facts, puzzle 51

```
B D R H R X R Y S H E G Z D H O T Z W P D V
Y E S U G W R B G B Q R Z O L F L V O U K V
Q V P F N R L S H N Z G U P F O T Q V Q F M
C B H X I J M L H O X H F R B C Q L I X K O
H X Q V P W B F L Q D X Q E J S G Z A F L Q
B D C N M W S P Q O P Z S S G H N F Z V H T
I T I C A Y R J A K U P D E F U I N F J J K
K I N V C T C B X J C L M R T D L B S G A W
K P E G M U L D G H I D C V G P L B I A K E
R P C Z T I Z J X B N P Y A Z Y I X C G Z W
Z I S C N E M W S Z F P F T U G R S J N Y A
P S E B W J Q K M Z H M G I X K H K O I J T
A S G O F A W R W T A N G O W X T G E L L E
R I P P M A U D A Y L G R N D Y X R Q C I R
T S P Y B G H R C K Z N F K K Z R G F Y C F
I S D Q A B U L A L X X E Q U P X B S C D A
C I E D D I U T P H O V F G K E V K H I I L
U M S E K Z H M P S W Q Z I Q M P I E B F L
L H R W I T E F E T G V T L V W I M N X M S
A F K U A U Q V L O G Y J D S D E U A T H L
R Q Q E H H X X W W R Q V O E Y D X N J I H
L V R H M A L B H C Z M D Q E F M W D H I N
Y B U Q D L T Z F G X R A S M H O Y O I E U
R I P S C R A M B L E F Q A N P N R A R N L
D W Q H Z N I X K L R P W X L J T R H F Q T
Y E B N W O E B N C G L D A T C U P K D U N
Z K S H P L C D Z H R Y S S S P D X C Y S K
R X R H C W E R T W C B G I A P X W D V E
```

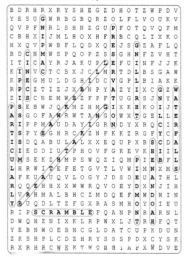

National Parks Facts, puzzle 52

```
M M R G A L K N G G A - N C U G F O P E L D
G F H R W E M P G I L I T Y I H S F W R G O
F P R O U N D U P Y K C U M E H N N F Y E N
H R F O N - W - F Y M S U P F - Y W K I H S
S Y N D S R P B I R E G I A - T H Y B B G N
T K D G B H O G N B E L C K A A R O D E M C
T K U B W W M B G K D A A D Y D O P D K Y -
G S G G Y S O M K L U U L E O F C G A S B B
R C B U L K C N I L T D S G C Y P P K K O M
F N C T L O O W K U E D G W A K L G C P I F
U R L I A G T S R P R P S D S D B I A P N B
T N M - C M T - B F B U T S W - D O I E C U
F - D Y I U O M Y T D I E T K K P F S D L T
O B L O H N N L F E G K S W I T F L N E N N
F M N K P M W D N T K N T O U R R G L S A F
B U U O A T O U E G P D O N N Y S P - M - A
B B P F R E O O P L I M O H K T N U M B I
D A T U G A D - S N I O A H Y W - P S A R
C I L D O F H D P A I A A M A O G U Y S K F
T F L D E L C H R E C D T F N M B K H T C I
T U M F G - I G S O - T - N R O H G I B E
S Y O O - G A W G R F F A F E B W G B U L
B C B U - I N E E W O T U H M R M U L E R D
W H I T E - T A I L E D A A K A A E U D R C
Y H L I I R K L E D I - P W - C W H K - U B
T N S R P - T T H - H M P D W K G U S I I H
D A D W B D E A G M - A S N W I - H Y P - N
H O D P U N C Y A F S S - F G W L H P I F T
```

National Parks Facts, puzzle 53

```
T U A S R L D P V B Y S M D A - T C K D F A
R E L A X A T I O N F X A B X V A R L L C D
U O O D H X H I C V U E C O C - C O C E K F
N Y C D D H L K R P O L R H T F V K U K X S
K N D N Y U - R - C R C U R R A H C S V H B
- P D X E Y Y A O D B B V R I O B E U M C T
G H M P - I O P A U A L E S M E N O - D R R
G A G G N Y S - O H Y M P P D D S I G F O D
L V N U I I R F X Y N R - E F I Y Y C R K L
I L I R G A M F K A I O M M E S V S G A Y K
S F L R R K F O N N O M A N N I C - X P A I
N E E D I M I T G M H X M A F - H D Y G N F
O I K Y V X S - G O A K P D Y K B A R L X F
I S R U N G E G P E T R O G L Y P H - A S X
T R O H R E H F V R X U A E D R O B K P R A
C N N D D H U P L K M O G T B F B S U R - S
A C S R M - V - C G T Y N X I L S M S U R D
R O E B R D G M S B N G R E K T - G E V N
T M S F T F L X R R A I F C R G E H P V Y A
T F X - N M R G O S L B V U O G P L S X P L
A O P O X N U S T F H O - I T I E K M A X T
C R E I L A M A C V E X X F D C R U C K Y S
F T M T R L X Y O P H E C O T B T D X F A E
D T N U N D A X F K H O R I C P P E L V R R
H S M X G N N O E K R E O A X C A T F A R O
U G N V D Y E P H A I N Y T I C N Y C U G F
P - U P P U A M L V T G A N M E I T O Y O G
G P S - O N B N C C X V O A G P X V Y T E E
```

National Parks Facts, puzzle 54

```
T L Y U F S O G F I C B Y L S F Y T C E P A
C R A P P I E S E T A R O M E M M O C Y H A
M S G E V W K I B H I G C D M S V A A F M L
O - Y R E H P I R E P E D O Y P M A F T I U
E T C K T D V P S - K D C L C P B C D S W S
I A M F U L L N E M R E H S I F I W N M E N
Y B V U R M O T O R B O A T S O A M P P - I
T N L N S C M U D A Y - U S E G G T - T F N
P T I E H K A R R B R D L D K M K D E U R E
Y E T R U H E U E G B H U M D R - W - O E P
C W R L V D - L O U V O Y A G E U R S A N G
B - E C U H - - L T U N B O K V W M L C C R
I U F I B K N U O U W I B M E L V S H F H M
W O T U B E G K H F N A S H R B T E H E - O
I H E R F G K N U M B G - Y P U K N - O C Y
G H S N O W M O B I L E E V I O O H A I A C
I A T B W T I K H T W L K A K C Y B S M N N
Y A S A A S E I U A F B L A P V R N T G A B
R G I K - E Y E E O D Y S P B N O K L A D H
A C E F H C D A R B V K L U C W I M S K I I
D S O W N R M F - E Y N O V - Y C S K S A K
N C N N R U T N I S O F H C A S W S E V N F
U L A - T O T K E U Y A O O - Y V H N R F D
O G C K L S K T T O T V O S L N L Y V R M F
B E H S S E M V S H E K G W H R T D L O B V
W Y N B M R L A V R C A M P S I T E S O Y G
C L R W N D V Y E B L U E G I L L - I S F G
S U K G R M - D K A B E T O G A M A I F - O
```

National Parks Facts, puzzle 55

```
G Y Y Z G T T F G M D O L L A L U W L O E W
G V E T P K M R V B H Q N G F T V O Y K F B
M T U - L Q B N O T R B A C R A F T E V Q H
U U X E N V X M T M T Q F K D O T F W Q E Q
B N E B W A T P S F N O Z V Z L W L B W K Q
D N K T L T Q R U C Z D P T T W C C H I K I
Q X K T C P Q O Y P W I T N O F T - Q W D X
N S T S T Z M D X O V I D Q T N Q - F K X D
S M V I C U L Q A E I V L P H K L Q F U A W
Q I S A G P F O S G U Z B U G Z D T M K B W
F X V S T H E O D O R E P N P L L Z W K F E
O E X R O M N S N H K U T D Y A Y I H T H O
U D O E Q D O C N B G A F Q G R R R S - U P
U - T G Y G K S Q R Z P N Z O C - U E P T M
W G B C R Q B S P A S S A G E W A Y S F X C
F R O S T W O R K H P L K H U I N I U R S W
T A X K H D B U E L E - P E K L R R R W C R
I S W O K Z V D T A S R V C Z B X - H U - F
U S O Q V N I Z V V T K I P V H I N W O X A
T N R E I L O T N - Q H R C G Q W X D S D L
- - K C D A U C U P X E E E C I - L Q F X B
P U D K K I S Z A G S O T H G F Q X N F R E
- L M X M K L E A S D I M E N S I O N A L P
V V U X L X Y K U K S F Q D S C S C A S G Q
U Z M E D T Y R B N Z S A P D K K C V N G V
F M W L X T E Q U A L I Z I N G C T R Q Y -
B U Q D K Z F S C K - A I P F M N Z V V V W
E M D X M - G L N D M I Y Q I E L L S - A H
```

National Parks Facts, puzzle 56

```
P A K B Z W C A N A D A H F J L U V N Z L Z
L E B C I X T K D Z N L G L S Y O G Q H V V
J C C I B T R I S V Q K B H P A D A X Z W K
J P O Y G Y Z E Y V Q G F G T W I Z X B A A
O I N I H S N E H S T A T U A U V F J P D I
O V S H U M A E M A O P U V Q Q C P L T M F
P L E I N V Q X I J Z P O S S E H L S N P X
O P R L T P X Z Z R V M O O R J H X X P J A
F W V C I K V O K U R G D M K F Y V C W Z O
Y U A Q N A B F X S G J L J P U F Y A U T C
A U T L G P S X E F G G H Z P Z F K A K J L
D G I E L Q B R L W D I F E P F P D Z I J Z
O F O G M O Z K M J Q D V K B X Z T G F G V
Z Y N I D D T I M H T R U B U A B Q O C H H
H D K S T P W M E A E V D O N O Q H P A N P
T W N L Q K V J E S D J Z Z X Y N V O Z B J
M B R A K Q L W E N Q V H U Z I F H E Q C N
T Q K T L V I R F W T V O E M O S L C S V I
P V L I F Z P A Y Z L Z E F D G A E D B G S
R C U O Z B T N L Q I G C R I G G J U H A O
V J A N O A Q G W G R E T A W E D I T F F E
J I N K Q O N E Z S S E P J Q V B H S J B X
Y W E B S M V L L Q M A S Z C J X I P C P X
U M Y M P A Y L Y U W V Y K N R N W Q X S F
U O X P K D L U D M S Z J P R U X K B P R Y
V T A I M I O A G A O N A T H V N W A L Y B
Y Z P J Q G Q L V S C F K I N B E B Q B V P
O C B M G X Z B I C N P M Q B M Z B D N E G
```

National Parks Facts, puzzle 57

```
Z G A D M I N I S T R A T I O N W D L T Z E
B L V O L C A N I S M P A R F C K S O Y J J
G V P Z A G I S - U Z - S U B A L P I N E Z
- I O R E Q T D T L T K V E F F N C D A Z U
Y A T J R N M C Z T N E M E G A N A M W L O
I Y F M N J A C A F S - Y V Z E S H M A Q B
H A L B Q V R E G T B O E - H U I Y G L M T
G E P P A D T - C P N M V O J Z G Z A P M B
I B V L Q R T S L M D I M P J Z N F O W R W
A V S T R U C T U R E S - C S Y I U H G I Q
D I V H V K H S M A L J S Y Y D F N L - F L
Y L T N E U Q E S B U S M S L I I O C Q Q -
L Y R Y G N I M O Y W K U V R R C I L Y U J
P K L S M F Q Q V D S O Y Y S E A G R V Z G
N O I T C I D S I R U J U E C Q N E R Y J O
M G V G - Q O S L B Z Z S E H L C R N O G D
V O Z V D C R A N I Y S I H B L E O Y K I V
B J N Z K H G N I F Y P T F U O M C N S F J
O K S D O D A G C L R F F T K - I E H L I V
L A Z V H D N E U E Y U F J R E R T E G C -
Z I N B T Z I M T F V M F A L - E P A F H R
J A - I L K Z N V D R S K Q - T K B R S F F
Y F T L F N E Y K E I U S E I K C O R O B J
M Q F Z - C D Z R E - A T A M L B O T N A T
V S F F R L A M R E H T O E G T O T V Z Y N
K A N O K E C I U P L U F H T I A F F E W W
U T C H C F G M C G Y O G P J U P Q V - Q W
- S H K Q K O V S U I I L V W O C W Q H T T
```

National Parks Facts, puzzle 58

```
K J A Q H S I E R R A H N D V C V R K G G V
R X L J E J P N F B E D B H F Q L X V R H L
N Y X T I V E A G R U I N Y H B E X R Y Z X
U W S F F P H Q N Q A U J A I N W S C W D K
P X J B S O K Y M N K P P I X F O J A Y Y X
E N W I V J S Z I Q I N C F M Y Z Q D Y B Y
O H N K C W P J M H B N D V J E G I L B K A
F F X P F O Z U M Q Z V G R X Q Y H P C W B
T H Z Q R G G Z P I L Y I J T L D U F H T G
C U V P T Q D A Y V J T G A L Z L K W A P T
R W O O D L A N D X W J X Y B V T R I P I L
F M Y L N X Q E K C W A I K Y I D T V A X N
O G M O U H N O G Q P V K A W L Q E Y R V R
S G T R S M O N T A N E R T V A G J S R S T
O P R I H E N Z D L V G R A N T S S B A E N
J L Q U X P M E Y P U E T S Z J P X Q L V L
A B N M E N I I W I I T Z V B K E O Y Y M O
J M R B A B K A T N V A S K B Y C P H E M G
G Z B N B R X R N E S T K N D H T V Z S H Y
J B X O E F I A W R G I M G I B A V P J U J
K C L W W L M P S K Y O K Q L X C R Y O T T
H P R D T I A F O R Y N X B O X U U F F R G
H P U H W G D G J S Q F N T N M L Z N C P W
I D W R A V E S X C A Q E R M Q A V X Q E Y
E G Q V J F R A G M E N T E D R R D Q E V H
Q L M B C P A V I N G V C Y T W B C T E R G
F V S N B B Q M P P V X R E W X L S P D O P
J M L K R E I N T E R N A T I O N A L L Y D
```

National Parks Facts, puzzle 59

```
F I L - G F B G M E A O Y V T J V P G I E Y
B T I P P M O W N U V Y M R L M T K U C O R
M U R I N Y A Z L O K I A C P L L C Z K J F
- H T K Y S Y V O I B I L E G U H M P - L H
N N Z Z L S S D Z B T T V H - R E U I M T M
S O G V H V B A V A K S G T R S D K E P U V
R D A M Z G V Z H G R I N G A V M U U G S U
J P O L Y N N U H A Y E A S M F T N R W J C
T B L Z U E S O C N R E T S E W H T U O S N
A K M Z G N M P D Z C S P H N W N U W J I Y
H M J R O A F G W C W Y B I A G F W F V P I
M G S K D I V E R S I T Y D W G U E J P M W
S C L M F R D O D P A A V W O D T A W O O B
Y Y F K I A - G R L Z N H Y R K U P R - J B
U J R D Y P T R B F O - D Z A Z G M T C A -
T L O T D I H A - - T C D S P N O Z X V V V
G V - S N R A P V B K O G C T N A Y J S E G
G P F P U O B H K S G L I G S O T S S P S Y
B M C F D Z I Y V A P O W G H M N I A E R K
I F C U G R T Z V W P R C S S C K E I Z R I
V - K W K E A R G Y N E I S T U S T F I I H
Z T K P K D T W E R A D J N T I L O Z O V U
H S N Y R D I M O - A U R G G N P Z P M M U
K C R Y - I O C F H Y G K V U D K L Y V U M
V M Z U B S N P J V G I F M U D A V A D H N
C F R D N H A M M H K K M A M M A L S O N H
W H I G K R - G Y A U G G D - H A W E N O S
R O Y M E K R J D V G O N I F E R O U S O D
```

Acadia National Park, References
1. "Listing of acreage as of December 31, 2011". Land Resource Division, National Park Service. Retrieved 2011-05-06.
2. "NPS Annual Recreation Visits Report". National Park Service. Retrieved 2015-06-16.
3. "Park Statistics". National Park Service. Retrieved 2010-07-25.
4. "Stories (History & Culture)". National Park Service. Archived from the original on 10 August 2010. Retrieved 2010-07-25.
5. Commissioned by the National Park Service, a 2-volume report "Asticou's Island Domain: Wabanaki Peoples at Mount Desert Island 1500–2000" (2007) was authored by Harald E.L. Prins and Bunny McBride. This digital text detailing Acadia National Park's cultural and natural history is freely accessible NPS.gov

National Park of American Samoa, References
1. "Listing of acreage as of December 31, 2011". Land Resource Division, National Park Service. Retrieved 2012-03-05.
2. "NPS Annual Recreation Visits Report". National Park Service. Retrieved 2012-03-05.
3. "The National Parks: Index 2009–2011". National Park Service. Retrieved 2011-03-05.
4. "Hiking and Beachwalking". National Park Service. Retrieved 2009-01-30.
5. *National Geographic Guide to the National Parks of the United States*. National Geographic Society. 2006. ISBN 0-7922-5322-1.

Arches National Park, References
1. "Listing of acreage as of December 31, 2011". Land Resource Division, National Park Service. Retrieved 2012-03-05.
2. "NPS Annual Recreation Visits Report". National Park Service. Retrieved2015-06-16.
3. "Arches National Park". nationalgeographic.com. Retrieved 2 October 2013.
4. "Arches National Park". *The National Parks: Index 2009–2011*. National Park Service. Archived from the original on 29 June 2011. Retrieved 2011-06-08.
5. Kiver, Eugene P. and David V. Harris, *Geology of U. S. Parklands*, Wiley, 5th ed., 1999 p.503-515 ISBN 0-471-33218-6
6. *Guide to the National Parks of the United States*.5th ed. Washington, D.C.: National Geographic Society. 152–157. Print.
7. Belnap, J. "Choosing Indicators of Natural Resource Condition: a Case Study in Arches National Park, Utah, Usa." Environmental Management New York. 22.4 (1998): 635–642.Print.

Badlands National Park, References
1. "Listing of acreage as of December 31, 2011". Land Resource Division, National Park Service. Retrieved March 5, 2012.
2. "NPS Annual Recreation Visits Report". National Park Service. Retrieved June 3, 2015.
3. Ullrich, Jan, ed. (2011). *New Lakota Dictionary* (2nd ed.). Bloomington, IN: Lakota Language Consortium. p. 855. ISBN 978-0-9761082-9-0. LCCN 2008922508.
4. "Badlands Wilderness". Wilderness.net. Retrieved March 5, 2012.
5. "2008 Badlands Visitor Guide" (PDF). National Park Service. p. 2. Retrieved March 12, 2011.
6. "Badlands National Park". Rand McNally. Archived from the original on February 25, 2011. Retrieved March 12, 2011. *The cultural centerpiece of this section is the Stronghold Table, where the Oglala Sioux danced the Ghost Dance for the last time in 1890.*

Big Bend National Park, References
1. "Listing of acreage as of December 31, 2011". Land Resource Division, National Park Service. Retrieved 2012-03-05.
2. "NPS Annual Recreation Visits Report". National Park Service. Retrieved2015-06-16.
3. Gray, J.E.; Page, W.R., eds. (October 2008). *Geological, geochemical, and geophysical studies by the U.S. Geological Survey in Big Bend National Park, Texas*. Circular 1327. U.S. Geological Survey. ISBN 978-1-4113-2280-6.
4. "Seasonal Temperature and Precipitation Information – Castolon, Texas". Western Regional Climate Center. Retrieved August 15, 2013.
5. "Seasonal Temperature and Precipitation Information – Chisos Basin, Texas". Western Regional Climate Center. Retrieved August 15, 2013.
6. Lehman, Thomas M.; Coulson, Alan B. (January 2002). "A juvenile specimen of the sauropod dinosaur *Alamosaurus sanjuanensis* from the Upper Cretaceous of Big Bend National Park, Texas". *Journal of Paleontology* **76** (1): 156–172.doi:10.1666/0022-3360(2002)076<0156:AJSOTS>2.0.CO;2.

Biscayne National Park, References
1. "Listing of acreage as of December 31, 2011". Land Resource Division, National Park Service. Retrieved 5 March 2012.
2. "NPS Annual Recreation Visits Report". National Park Service. Retrieved 2 March 2014.
3. Leynes, Jennifer Brown; Cullison, David (January 1998). "Introduction" (PDF). *Biscayne National Park Historic Resource Study*. National Park Service. p. 1. Retrieved 28 November 2012.
4. *Biscayne National Park Brochure and Map*. National Park Service. 2009.
5. Grunwald, p. 214
6. Bryan *et al*, p. 288
7. Bryan *et al*, pp. 287–290

Black Canyon of the Gunnison National Park, References
1. "Listing of acreage as of December 31, 2011". Land Resource Division, National Park Service. Retrieved 2012-03-06.
2. "NPS Annual Recreation Visits Report". National Park Service. Retrieved2015-06-16.
3. Vandenbusche, Duane (2009). *Images of America - The Black Canyon of the Gunnison*. Arcadia Publishing. p. 7. ISBN 978-0-7385-6919-2.
4. "Black Canyon Dimensions". National Park Service. Retrieved 2007-07-29.
5. "Black Canyon of the Gunnison National Park- Things To Know Before You Go". National Park Service. 2006-09-05. Retrieved 2006-10-27.

Bryce Canyon National Park, Notes
1. "Listing of acreage as of December 31, 2011". Land Resource Division, National Park Service. Retrieved March 6, 2012.
2. "NPS Annual Recreation Visits Report". National Park Service. RetrievedJune 29, 2015.
3. Kiver 1999, p. 523
4. "When to go". *Bryce Canyon National Park*. Frommer's.
5. Harris 1997, p. 44
6. Tufts 1998, p. 71
7. The Hoodoo (Summer 2005)
8. http://www.wrcc.dri.edu/cgi-bin/cliMAIN.pl?ut1006; http://www.wrcc.dri.edu/cgi-bin/cliMAIN.pl?ut1007; http://www.wrcc.dri.edu/cgi-bin/cliMAIN.pl?ut1008
9. Harris 1997, p. 46
10. Harris 1997, p. 53
11. "BRYCE CANYON NATL PK HD, UTAH (421008)". National Oceanic and Atmospheric Administration. Retrieved January 31, 2014.
12. Tufts 1998, p. 73
13. NPS visitor's guide
14. The Hoodoo (Summer 2005), p. 5
15. Kiver 1999, p. 524
16. "*Bryce Canyon*". *Dictionary of American Naval Fighting Ships*. Navy Department, Naval History & Heritage Command. Retrieved November 16, 2008.
17. "About Us". Bryce Canyon Natural History Association. Archived from the original on September 25, 2008. Retrieved November 16, 2008.
18. Harris 1997, p. 51
19. Harris 1997, p. 50
20. NPS Web site, Bryce Canyon (archived home page)
21. "Bryce Canyon National Park: Utah Prairie Dog". *National Park website*. National Park Service, US Department of the Interior. February 22, 2007. RetrievedNovember 17, 2008.
22. NPS website, Reptiles and Amphibians
23. The Hoodoo (Summer 2005), p. 6
24. The Hoodoo (Summer 2005), p. 7
25. NPS website, Fairview
26. The Hoodoo (Summer 2005), p. 9
27. IAU: Minor Planet Center. "Discovery Circumstances: Numbered Minor Planets (45001)-(50000)". Retrieved May 22, 2007.
28. NPS website, Campgrounds
29. NPS website, Lodging

Canyonlands National Park, References
1. "Listing of acreage as of December 31, 2011". Land Resource Division, National Park Service. Retrieved 2012-03-06.
2. "NPS Annual Recreation Visits Report". National Park Service. Retrieved2015-06-16.
3. "Canyonlands Visitor Guide 2014" (PDF). National Park Service. RetrievedSeptember 25, 2014.
4. "Canyonlands". National Park Service. Retrieved 2011-06-09.
5. Abbey, Edward (2006). *Postcards from Ed: Dispatches and Salvos from an American Iconoclast*. Milkweed Press. p. 175. ISBN 1-57131-284-6.
6. "Visitation". National Park Service. Retrieved 2011-06-09.
7. Keiter, Robert B.; Stephen Trimble (2008–2009). "Canyonlands Completion report: Negotiating the Borders". University of Utah. Retrieved 2011-06-09.

Carlsbad Caverns National Park, References
1. "Listing of acreage as of December 31, 2011". Land Resource Division, National Park Service. Retrieved 2012-03-06.
2. "NPS Annual Recreation Visits Report". National Park Service. Retrieved 2015-06-16.
3. "Carlsbad Caverns National Park - Park Fun". National Park Service. Retrieved 2007-05-31.

4. "History & Culture". National Park Service. Retrieved 2007-05-31.
5. National Park Service, *Cave Geology: Dissolution and decoration* (PDF), retrieved 13 July 2012
6. National Park Service, "Surface Geology: From living reef to desert mountains." (PDF). Retrieved 13 July 2012.
7. "Elevators Whisk Tourist to Bottom of 750-Foot Cave" *Popular Science*, May 1932, drawings of visitor center and elevators
   • *The National Parks: Index 2001–2003*. Washington: U.S. Department of the Interior.

Channel Islands National Park, References
1. "Listing of acreage as of December 31, 2012". Land Resource Division, National Park Service. Retrieved 2013-09-22.
2. "NPS Annual Recreation Visits Report". National Park Service. Retrieved 2015-06-16.
3. "Santa Cruz Island". National Park Service. Retrieved 2011-07-13.
4. "Channel Islands National Park". *The National Parks: Index 2009–2011*. National Park Service. Retrieved 2011-07-13.
5. 96th U.S. Congress. "An Act To establish the Channel Islands National Park, and for other purposes" (pdf). *United States Government Printing Office*. (Pub L. 96–199, 94 Stat. 67, enacted March 5, 1980)
6. Carlson, Cheri (March 6, 2015). "Lookout tower gives glimpse underwater as Channel Islands park turns 35". *Ventura County Star*. (subscription required (help)).
7. William, Flaxington (2005). "Photograph of the Island Fence Lizard". Calphotos. Retrieved 2013-09-22.
8. Hogan, C. Michael (2008). Stromberg, Nicklas, ed. "Western fence lizard (*Sceloporus occidentalis*)". Globaltwitcher. Retrieved 2013-09-22.
9. "Boating - Channel Islands National Park". National Park Service. Retrieved 2013-09-22.
10. "Public to Enjoy New Visitor Center and Exhibits on Santa Cruz Island". National Park Service. 2009. Retrieved 2014-04-13.
11. "Visitor Services List - Channel Islands National Park". National Park Service. Retrieved 2014-04-13.
12. "Environmental Leadership In The National Parks" (PDF). National Park Service. Retrieved 2013-09-22.
13. "Channel Islands National Park Business Plan" (PDF). National Park Service. 2004. Retrieved 2013-09-22.
14. "20100604 - Channel Islands National Park - Anacapa Island - California (Travel)-A258973.JPG". Jason O. Watson Photography, LLC. Retrieved 7 March 2015.
15. https://ideasec.nbc.gov/j2ee/printannouncement.jsp;jsessionId=7550E6C0DF8AF0CD0B76AC964492BD48?objId=47959168serverId=NP144302
16. Press release (October 17, 2001). "Channel Islands National Park Christens New Boat". Retrieved 7 March 2015.

Congaree National Park, References
1. "Listing of acreage as of December 31, 2011". Land Resource Division, National Park Service. Retrieved 2012-03-06.
2. "NPS Annual Recreation Visits Report". National Park Service. Retrieved June 16, 2015.
3. Olson, D. M. E. Dinerstein; et al. (2001). "Terrestrial Ecoregions of the World: A New Map of Life on Earth". *BioScience* 51 (11): 933–938. doi:10.1641/0006-3568(2001)051[0933:TEOTWA]2.0.CO;2.

Crater Lake National Park, References
1. "Listing of acreage as of December 31, 2011". Land Resource Division, National Park Service. Retrieved September 24, 2013.
2. "NPS Annual Recreation Visits Report". National Park Service. Retrieved June 16, 2015.
3. "Crater Lake". National Park Service. Retrieved August 18, 2006.
4. "The World's Deepest Lakes" (PDF). National Park Service. Retrieved March 14, 2012.
5. Manuel Nathenson; Charles R. Bacon; David W. Ramsey (2007). "Subaqueous geology and a filling model for Crater Lake, Oregon". *Hydrobiologia* 574: 13–27. doi:10.1007/s10750-006-0343-5.
6. Taylor and Hannan, pp. 39–41
7. "Plan Your Visit". National Park Service. 2011. Retrieved November 11, 2011.
8. Taylor and Hannan, p. 24
9. Taylor and Hannan, p. 118
10. Taylor and Hannan, p. 11

Cuyahoga Valley National Park, References

This article incorporates public domain material from the National Park Service document "http://www.nps.gov/archive/cuva/planavisit/todo/recreation/chloerie.htm".

1. "Listing of acreage as of December 31, 2011". Land Resource Division, National Park Service. Retrieved 2012-03-06.
2. "NPS Annual Recreation Visits Report". National Park Service. Retrieved 2015-06-16.
3. http://ech.case.edu/cgi/article.pl?id=E14
4. "Krejci Dump: A Story of Transformation" National Park Service, Cuyahoga Valley
5. Johnson, Jim: "Generators pay for industrial cleanup" Waste Recycling News, May 13, 2002
6. "Krejci Dump Site Cleanup and Restoration" National Park Service. July 1, 2011
7. "Cuyahoga Valley National Park - Frequently Asked Questions (U.S. National Park Service)". Nps.gov. Retrieved 2012-05-06.
8. Rep. Ralph Regula [R-OH16, 1973-2009]. "summary of HR 4578". Govtrack.us. Retrieved 2012-05-06.
9. "Winter Sports". National Park Service. Retrieved 27 May 2014.
10. "CVSR". Cuyahoga Valley Scenic Railroad.
11. "Ohio and Erie Canal Towpath Trail". National Park Service, United States Department of the Interior.
12. "Ohio & Erie Canal Towpath Trail Tour - Sites to Visit". National Park Service, United States Department of the Interior.
13. "Ohio & Erie Canal - Towpath Trail Tour". National Park Service, United States Department of the Interior.

Death Valley National Park, Explanatory notes
1. Badwater, the Devils Golf Course, and Salt Creek are all part of the Death Valley Saltpan.
2. The last known lake to exist in Death Valley likely dried up 3,000 years ago.
3. In fact only one member of the Death Valley '49ers died in Death Valley, an elderly man named Culverwell, who was half dead already when he entered it.

Death Valley National Park, Citations
1. "Listing of acreage as of December 31, 2012". Land Resource Division, National Park Service. Retrieved 2014-03-16.
2. National Park Index (2001–2003), p. 26
3. "NPS Annual Recreation Visits Report". National Park Service. Retrieved 2015-06-28.
4. NPS website, "Backcountry Roads"
5. Wright and Miller 1997, p. 611
6. Berwyn (21 February 2013). "Death Valley NP earns dark skies certification". *Summit County Citizens Voice*. Retrieved 1 December 2015.
7. Sharp 1997, p. 1
8. "USGS National Elevation Dataset (NED) 1 meter Downloadable Data Collection from The National Map 3D Elevation Program (3DEP) - National Geospatial Data Asset (NGDA) National Elevation Data Set (NED)". United States Geological Survey. September 21, 2015. Retrieved September 22, 2015.
9. Wright and Miller 1997, p. 625

Denali National Park and Preserve, References
1. "Listing of acreage as of December 31, 2012". Land Resource Division, National Park Service. Retrieved 2013-03-27.
2. "NPS Annual Recreation Visits Report". National Park Service. Retrieved 2015-06-28.
3. Norris, Vol. 1, pp. 2-3
4. Sheldon, Charles (1931). *A History of The Boone and Crockett Club*. Boone and Crockett Club. pp. 54–59.
5. [1]
6. http://www.nps.gov/dena/photosmultimedia/station03.htm
7. Sheldon, Charles (1931). A History of The Boone and Crockett Club. Boone and Crockett Club. pp. 54–59.
8. McKinley no more: North America's tallest peak to be renamed Denali. Martinson, Erica. *Alaska Dispatch News*, 30 August 2015
9. [2] America the Beautiful Quarter Series
10. "S.157 - Denali National Park Improvement Act". *113th Congress*. Retrieved 9 April 2014.
11. "CBO - S. 157". Congressional Budget Office. Retrieved 13 September 2013.
12. "Map of Denali National Park and Preserve". *Denali National Park and Preserve*. National Park Service. Retrieved 25 March 2013.
13. "Denali Wilderness". Wilderness.net. Retrieved 2014-01-03.
14. Harris, A.G., Tuttle, E., Tuttle,S.D. Geology of National Parks. 6th ed. Kendall/Hunt Publishing Company 2004.
15. National Park Service: Denali National Park and Preserve. Denali Rocks! The Geology of Denali National Park and Preserve: A Curriculum Guide for Grades 6-8. 2011.
16. http://www.usa.com/denali-national-park-ak-weather.htm

Dry Tortugas National Park, References
1. "Listing of acreage as of December 31, 2011". Land Resource Division, National Park Service. Retrieved 2012-03-06.
2. "NPS Annual Recreation Visits Report". National Park Service. Retrieved 2015-06-28.
3. "National Park Service Dry Tortugas National Park". National Park Service. Retrieved 2012-12-09.
4. Herndon, David (November–December 2001). "Trips: Florida's Dry Tortugas National Park". *National Geographic Adventure*. Retrieved 2012-08-26.
5. Thornberry-Ehrlich, Trista L. (January 31, 2006). "Dry Tortugas National Park Geologic Resource Management Issues – Scoping Summary" (pdf). Colorado State University. Retrieved 2012-11-24.
6. *Dry Tortugas National Park Map* (Map). National Park Service.

7. Ju."Final General Management Plan Amendment Environmental Impact Statement" (pdf). *Dry Tortugas National Park*. National Park Service. Retrieved2012-11-24.

Everglades National Park, References
1. "The National Parks: Index 2009–2011". National Park Service. Retrieved 2013-03-06.
2. "NPS Annual Recreation Visits Report". National Park Service. Retrieved 2015-06-28.
3. "Park Statistics". National Park Service. Retrieved 2007-12-05.
4. Maltby, E., P.J. Dugan, "Wetland Ecosystem Management, and Restoration: An International Perspective" in Everglades: The Ecosystem and its Restoration, Steven Davis and John Ogden, eds. (1994), St. Lucie Press. ISBN 0-9634030-2-8
5. Whitney, p. 167
6. "Everglades National Park". National Park Service. Retrieved 2007-12-05.
7. Robertson, pp. 27, 21, 38
8. A few locations in Palm Beach County, primarilyHighland Beach, get their fresh water from the Floridan Aquifer, treating the high saline and mineral content before providing it for human use. (Town if Highland Beach Water Quality Report (2010). Retrieved on April 13, 2012.)(Lodge, p. 39.)
9. Everglades National Park / Dry Tortugas National Park Superintendent's Report, 2008 Fiscal Year. Retrieved on May 26, 2010.
10. Lodge, p. 3
11. "Everglades Geology". National Park Service. Retrieved 2007-02-08.
12. McCally, pp. 9-10.

Gates of the Arctic National Park and Preserve, References
1. "Listing of acreage as of December 31, 2011". Land Resource Division, National Park Service. Retrieved 2012-03-06.
2. "NPS Annual Recreation Visits Report". National Park Service. Retrieved 2015-06-28.
3. "Gates of the Arctic Wilderness". Wilderness.net. Retrieved 2012-03-06.
4. "Annual Park Ranking Report for Recreation Visitors in: 2013". *NPS Stats*. Retrieved 25 August 2014.
5. "Contact Us". *Gates of the Arctic National Park & Preserve*. National Park Service. Retrieved 20 February 2013.
6. "Directions". *Gates of the Arctic National Park & Preserve*. National Park Service. Retrieved 20 February 2013.
7. "Hunting - Gates of the Arctic National Park and Preserve". National Park Service. Retrieved 20 February 2013.
8. "Gates of the Arctic Map" (PDF). *Gates of the Arctic National Park & Preserve*. National Park Service. Retrieved 20 February 2013.
9. "Title 36: Parks, Forests, and Public Property". GPO Access. Retrieved 2012-03-06.
10. "Arctic Interagency Visitor Center". Bureau of Land Management. Retrieved 20 February 2013.

Glacier National Park, References
1. "Listing of acreage as of December 31, 2011". Land Resource Division, National Park Service. Retrieved 2012-03-06.
2. "NPS Annual Recreation Visits Report". National Park Service. Retrieved2015-06-28.
3. "Welcome to the Crown of the Continent Ecosystem". Crown of the Continent Ecosystem Education Consortium. Retrieved 2010-04-13.
4. Brown, Matthew (2010-04-07). "Glacier National Park loses two glaciers". *Huffington Post*. Retrieved 2011-05-09.
5. "Fire Regime". National Park Service, U.S. Department of the Interior. 2008-03-29. Retrieved 2010-04-13.
6. "Biosphere Reserve Information". United Nations Educational Scientific and Cultural Organization. 2005-03-11. Retrieved 2010-04-13.
7. "Historical Overview.". National Park Service, U.S. Department of the Interior. Retrieved 2010-04-13.
8. Schultz, James Willard (1916). *Blackfeet Tales of Glacier National Park*. Boston: Houghton, Mifflin & Co.
9. "History". National Park Service. Retrieved April 19, 2015.

Glacier Bay National Park and Preserve, References
1. "Listing of acreage as of December 31, 2011". Land Resource Division, National Park Service. Retrieved 2012-03-06.
2. "NPS Annual Recreation Visits Report". National Park Service. Retrieved2015-06-28.
3. Lee, Robert F. "The Story of the Antiquities Act". *National Park Service Archaeology Program*. Retrieved 3 March 2012. Chapter 8
4. "Alaska National Interest Lands Conservation Act". *Fish and Wildlife Service*. Retrieved 3 March 2012. Title 2, section 202(1).
5. Glacier Bay National Park & Preserve (April 2010). "Glacier Bay National Park & Preserve Foundation Statement" (PDF). Retrieved 3 March 2012.
6. National Park Service Office of Public Affairs and Harpers Ferry Center (July 2009). "The National Parks: Index 2009–2011". Retrieved 3 March 2012.
7. "Map of Glacier Bay National Park and Preserve". National Park Service.
8. National Park Service (2010). "Glacier Bay Park & Preserve Factsheet" (PDF). Archived from the original (PDF) on 2014-08-13. Retrieved 2016-01-11.
9. National Park Service. "Glacier Bay Rafting".
10. "Glacier Bay, Alaska - Period of Record Monthly Climate Summary - 1966 to 2015". Western Regional Climate Center. Retrieved 16 Jan 2016.
11. "Glacier Bay National Park and Preserve". National Park Service. Retrieved 7 March 2013.
12. Vancouver, George, and John Vancouver (1801). *A Voyage of Discovery to the North Pacific Ocean, and Round the World, Vols. I-VI.* London: J. Stockdale.
13. Muir, John. "Travels in Alaska". Sierra Club. Retrieved 3 March 2012.
14. "Things to Do". *Glacier Bay National Park*. National Park Service. Retrieved20 March 2013.
15. Catton, Ch. 8
16. "HowStuffWorks "Subsistence Hunting Locations". HowStuffWorks.

Grand Canyon National Park, References
1. "Grand Canyon National Park Visitor Center". *Geographic Names Information System*. United States Geological Survey. Retrieved 2011-08-14.
2. "Listing of acreage as of December 31, 2011". Land Resource Division, National Park Service. Retrieved 2012-03-07.
3. "NPS Annual Recreation Visits Report". National Park Service. Retrieved 2015-06-28.
4. Yanagihara, Wendy; Denniston, Jennifer (2008). *Grand Canyon National Park*. Lonely Planet. p. 95. ISBN 1741044839.
5. Anderson, Michael F. "Polishing the Jewel: An Administrative History of Grand Canyon National Park" (PDF). Grand Canyon Association. Retrieved 7 December2015.
6. Pryputniewicz, Vanya; Peterson, Peter. "Grand Canyon National Park Presents Living History Performance of President Theodore Roosevelt". nps.gov. Retrieved 27 February 2015.
7. http://www.gpo.gov/fdsys/pkg/USCODE-2011-title16/pdf/USCODE-2011-title16-chap6-sec687.pdf

Grand Teton National Park, References
1. "Grand Teton National Park". *Geographic Names Information System*. United States Geological Survey. Retrieved 2012-01-08.
2. "Park Statistics". Retrieved 2013-01-22.
3. "NPS Annual Recreation Visits Report". National Park Service. Retrieved2015-06-28.
4. Crockett, Stephanie (July 24, 2004). "The Prehistoric Peoples of Jackson Hole". *A Place Called Jackson Hole*. Grand Teton Natural History Association. Retrieved 2012-01-08.
5. Crockett, Stephanie (July 24, 2004). "The Early Archaic (8,000 to 5,000 BCE)". *A Place Called Jackson Hole*. Grand Teton Natural History Association. Retrieved 2012-01-08.
6. Smith, Bruce (1995). "Migratory Behavior of the Jackson Elk Herd" (PDF). National Park Service. Retrieved 2013-01-22.
7. Crockett, Stephanie (July 24, 2004). "Protohistoric Period (A.D. 1700 to 1850)". *A Place Called Jackson Hole*. Grand Teton Natural History Association. Retrieved 2012-01-08.
8. Hurlbut, Brian (April 1, 2011). *Insiders' Guide to Yellowstone & Grand Teton* (8th ed.). Insiders' Guide. p. 13. ISBN 978-0-7627-6477-8. Retrieved 2012-01-08.
9. Jackson, Reynold G. (July 24, 2004). "Park of the Matterhorns". *A Place Called Jackson Hole*. Grand Teton Natural History Association. Retrieved2012-01-08.
10. "Chiefs". PBS. March 21, 2003. Retrieved 2012-06-04.
11. Harris, Burton (March 1, 1993). *John Colter, His Years in the Rockies*. Bison Books. pp. 73–113. ISBN 978-0-8032-7264-4.

Great Basin National Park, References
1. "Listing of acreage as of December 31, 2011". Land Resource Division, National Park Service. Retrieved 2012-03-07.
2. "NPS Annual Recreation Visits Report". National Park Service. Retrieved 2015-06-28.
3. "Geology of the South Snake Range". National-park.com main page. Retrieved 2010-06-01.
4. "Plants". National Park Service. Retrieved 2011-06-09.
5. Cohen, Michael. "Oldest Living Tree Tells All". Terrain.org. Retrieved 2008-11-21.
6. "List of Mammals". National Park Service. May 12, 2011. Retrieved 2012-03-29.
7. "Mammals". National Park Service. Retrieved2011-06-09.
8. "Fish in the Desert?". National Park Service. Retrieved2008-11-21.
9. "Birds". National Park Service. Retrieved 2011-06-09.

Great Sand Dunes National Park and Preserve, References
1. "Listing of acreage as of December 31, 2011". Land Resource Division, National Park Service. Retrieved 2012-03-07.
2. "NPS Annual Recreation Visits Report". National Park Service. Retrieved 2015-06-28.
3. "The National Parks: Index 2009–2011". National Park Service. Retrieved 2012-03-07.
4. Brachfeld, Aaron (28 September 2014). "Glacial melting a danger to our civilization". *Meadowlark Herald* (5:39) (Meadowlark Herald). Retrieved 5 October 2014.
5. http://www.wrcc.dri.edu/cgi-bin/cliGCStT.pl?cogrea
6. "Plants- Great Sand Dunes National Park and Preserve". National Park Service. Retrieved 25 September 2015.

Great Smoky Mountains, Notes
1. "Listing of acreage as of December 31, 2011". Land Resource Division, National Park Service. Retrieved 2012-03-07.
2. "NPS Annual Recreation Visits Report". National Park Service. Retrieved2015-06-28.

3. GSMNP main page - National Park Service
4. GSMNP stories - National Park Service
5. The National Parks: America's Best Idea. Ken Burns, broadcast on PBS.
6. "Ben W. Hooper". tennesseeencyclopedia.net. Retrieved August 13, 2012.
7. MAB Biosphere Reserves Directory - UNESCO
8. Moore, Harry (1988). *A Roadside Guide to the Geology of the Great Smoky Mountains National Park*. Knoxville, Tennessee: University of Tennessee Press. p. 32.
9. Houk, Rose, 1993, *Great Smoky Mountains: A Natural History Guide*, Mariner Books, pp 10-17, ISBN 978-0395599204
10. "Natural Features & Ecosystems". US National Park Service. Retrieved 2007-07-20.

Guadalupe Mountains National Park, References

1. "Listing of acreage as of December 31, 2011". Land Resource Division, National Park Service. Retrieved 2012-03-07.
2. "NPS Annual Recreation Visits Report". National Park Service. Retrieved 2015-06-28.
3. National Park Service. History of Guadalupe National Park. United States Department of the Interior.
4. "Elevations and Distances in the United States". United States Geological Survey. April 29, 2005. Retrieved 2009-03-28.
5. "El Capitan". *NGS data sheet*. U.S. National Geodetic Survey. Retrieved 2008-12-26.
6. U.S. Geological Survey Geographic Names Information System: Guadalupe Mountains National Park
7. "Seasonal Temperature and Precipitation Information". Western Regional Climate Center. Retrieved January 6, 2014.
8. Powell, A. Michael. Trees and Shrubs of the Trans-Pecos and Adjacent Areas. University of Texas Press. [ISBN 978-0-292-76573-3]
9. Butterfield, Mike, and Greene, Peter, *Mike Butterfield's Guide to the Mountains of New Mexico*, New Mexico Magazine Press, 2006, ISBN 978-0-937206-88-1

Haleakalā National Park , References

1. "Listing of acreage as of December 31, 2011". Land Resource Division, National Park Service. Retrieved 2012-03-07.
2. "NPS Annual Recreation Visits Report". National Park Service. Retrieved 2015-06-28.
3. "The National Parks: Index 2009–2011". National Park Service. Retrieved 2012-03-07.
4. "Biosphere Reserve Information: United States of America: Hawaiian Islands". United Nations Educational, Scientific and Cultural Organization. Retrieved 2009-12-02.
5. Westervelt, WD (1910). "Legends of Maui: A Demi-God of Polynesia and His Mother Hina". sacred-texts.com. Retrieved 2012-03-14.
6. Hawaiian National Park Language Correction Act of 2000 (S.939)
7. "Youngest lava flows on East Maui probably older than A.D. 1790". 1999-10-04. Retrieved 2012-03-14.
8. Hurley, Timothy (2002-07-13). "Maui's Boy Scouts mark 40-year link to nene". *Honolulu Advertiser*. Retrieved 2012-03-14.

Hawai'i Volcanoes National Park, References

1. "Listing of acreage as of December 31, 2011". Land Resource Division, National Park Service. Retrieved 2012-03-07.
2. "NPS Annual Recreation Visits Report". National Park Service. Retrieved 2015-06-28.
3. "Hawai'i's Only World Heritage Site". *Hawai'i Volcanoes National Park web site*. National Park Service. Retrieved 2009-12-02.
4. "2008 Business Plan" (PDF). *Hawaii Volcanoes National Park*. National Park Service. Retrieved 2009-12-02.
5. "Kīlauea Status Page". HVO. USGS.
6. Nakamura, Jadelyn (2003). "Keoneheleei – the falling sands" (PDF). *Hawaii Volcanoes National Park Archaeological Inventory of the Footprints Area*.
7. "Early Kilauea Explorations". *Hawaii Nature Notes number 2*. National Park Service. November 1953. Retrieved 2000-12-01. Check date values in: |access-date= (help)
8. "The Volcano House". *Hawaii Nature Notes number 2*. National Park Service. November 1953. Retrieved 2000-12-01. Check date values in: |access-date= (help)
9. "The Park Idea". *Hawaii Nature Notes number 2*. National Park Service. November 1953. Retrieved 2000-12-01. Check date values in: |access-date= (help)
10. "The Final Thrust". *Hawaii Nature Notes number 2*. National Park Service. November 1953. Retrieved 2000-12-01. Check date values in: |access-date= (help)
11. "The National Park Service Organic Act". *statutes of the 64th United States Congress*. National Park Service. August 25, 1916. Retrieved 2000-12-01. Check date values in: |access-date= (help)
12. "Hawaii Volcanoes National Park". *Geology Field Notes*. National Park Service.
13. "Hawai'i Natural History Association". *official web site*. Retrieved 2009-12-02.
14. "Kilauea Military Camp at Kilauea Volcano, a Joint Services Recreation Center". *official web site*. Retrieved 2009-12-02.
15. "Friends of Hawai'i Volcanoes National Park". *official web site*. Retrieved 2009-12-02.

Hot Springs National Park, References

1. "Listing of acreage as of December 31, 2011". Land Resource Division, National Park Service. Retrieved 2012-03-07.
2. "NPS Annual Recreation Visits Report". National Park Service. Retrieved 2015-06-28.
3. "The National Parks: Index 2009–2011". National Park Service. Retrieved 2012-03-07.
4. Paige, John C; Laura Woulliere Harrison (1987). *Out of the Vapors: A Social and Architectural History of Bathhouse Row, Hot Springs National Park* (PDF). U.S. Department of the Interior.
5. Hot Springs AR Info: Hot Springs AR History & Facts

Isle Royale National Park, References

1. "Listing of acreage as of December 31, 2011". Land Resource Division, National Park Service. Retrieved 2012-03-07.
2. "NPS Annual Recreation Visits Report". National Park Service. Retrieved 2015-06-28.
3. "Isle Royale National Park".*National Park Service*. RetrievedOctober 13, 2005.
4. "Isle Royale National Park - Nature & Science (U.S. National Park Service)". *National Park Service*. Retrieved August 20, 2009.
5. Johnson, David (9 November 2009). "North America's First Metal Miners & Metal Artisans". *The Old Copper Complex*. Retrieved17 November 2009.
6. Susan R. Martin (1995). "The State of Our Knowledge About Ancient Copper Mining in Michigan". *The Michigan Archaeologist* **41** (2-3): 119–138.
7. Ann G. Harris (2004). *Geology of National Parks (8th ed.)*. Kendall/Hunt Publishing Co. p. 308.ISBN 0-7872-9970-7.
8. "Laurentian Mixed Forest Province". *Ecological Classification System*. Minnesota Department of Natural Resources. 2007. Retrieved 2007-09-21.

Joshua Tree National Park, Notes

1. "Listing of acreage as of December 31, 2013". Land Resource Division, National Park Service. Retrieved 16 March 2014.
2. "NPS Annual Recreation Visits Report". National Park Service. Retrieved16 March 2014.
3. "A Desert Park". Joshua Tree National Park, NPS. Retrieved 6 May 2009.
4. Zarki, Joe. "A Park for Minerva". Joshua Tree National Park, NPS. Retrieved17 December 2013.
5. "Park History". Joshua Tree National Park, NPS. Retrieved 17 December 2013.
6. "Operating Hours & Seasons". Joshua Tree National Park, NPS.
7. Southern California Plant Communities 15. Joshua Tree woodland
8. "Geologic Formations". Joshua Tree National Park. Retrieved 10 December2013.
9. Trent, D.D. (April 1984). "Geology of the Joshua Tree National Monument".*California Geology* **37**. Retrieved 10 December 2013.
10. "Camping". Joshua Tree National Park, NPS. Retrieved 6 May 2009.
11. "California Resort Life". CaliforniaResortLife.com.
12. "Hiking". National Park Service. Retrieved 6 May 2009.
13. "Graffiti Force Closure Of Joshua Tree Park Sites". AP. Retrieved 14 April 2013.
14. "Geology Motor Tour". Joshua Tree National Park, NPS. Retrieved 6 May 2009.
15. "USGS Bird Checklist". Retrieved 20 June 2010.

Katmai National Park and Preserve, References

1. "Listing of acreage as of December 31, 2011". Land Resource Division, National Park Service. Retrieved 2012-03-07.
2. "NPS Annual Recreation Visits Report". National Park Service. Retrieved2012-03-07.
3. "Map of Katmai National Park and Preserve" (PDF). National Park Service. Retrieved 3 March 2013.
4. "Coasts/Shorelines". *Katmai National Park and Preserve*. National Park Service. Retrieved 3 March 2013.
5. "Katmai Preserve Bear Hunt". National Parks Traveler.
6. "Katmai Hunting". National Park Service.
7. "Geologic Activities". *Katmai National Park and Preserve*. National Park Service. Retrieved 4 March 2013.
8. Norris, Ch. 1
9. "Volcanoes & Lava Flows". *Katmai National Park and Preserve*. National Park Service. Retrieved 3 March 2013.
10. "Mount Katmai description and information". Alaska Volcano Observatory. Retrieved 4 March 2013.
11. "Katmai reported activity". Alaska Volcano Observatory. Retrieved 4 March2013.
12. "Novarupta description and information". Alaska Volcano Observatory. Retrieved 4 March 2013.
13. "Novarupta reported activity". Alaska Volcano Observatory. Retrieved 4 March2013.
14. "Trident Volcano description and information". Alaska Volcano Observatory. Retrieved 4 March 2013.
15. "Trident reported activity". Alaska Volcano Observatory. Retrieved 4 March2013.
16. "Mount Martin description and information". Alaska Volcano Observatory. Retrieved 4 March 2013.
17. "Mount Martin reported activity". Alaska Volcano Observatory. Retrieved 4 March 2013.
18. "Mount Mageik description and information". Alaska Volcano Observatory. Retrieved 5 March 2013.
19. "Mageik reported activity". Alaska Volcano Observatory. Retrieved 5 March2013.
20. "Fourpeaked Mountain description and information". Alaska Volcano Observatory. Retrieved 5 March 2013.
21. "Fourpeaked reported activity". Alaska Volcano Observatory. Retrieved5 March 2013.

22. "Mount Griggs description and information". Alaska Volcano Observatory. Retrieved 5 March 2013.
23. "Snowy Mountain description and information". Alaska Volcano Observatory. Retrieved 5 March 2013.
24. "Mount Denison description and information". Alaska Volcano Observatory.
25. "Kukak Volcano description and information". Alaska Volcano Observatory. Retrieved 5 March 2013.
26. "Devils Desk description and information". Alaska Volcano Observatory. Retrieved 5 March 2013.
27. "Kaguyak Crater description and information". Alaska Volcano Observatory. Retrieved 5 March 2013.
28. "Mount Douglas description and information". Alaska Volcano Observatory. Retrieved 5 March 2013.
29. "Mount Steller description and information". Alaska Volcano Observatory. Retrieved 5 March 2013.
30. "Kejulik description and information". Alaska Volcano Observatory. Retrieved5 March 2013.
31. "Plan Your Visit - Katmai National Park & Preserve". National Park Service. Retrieved 4 March 2013.
32. "Brown Bears of Katmai". *Katmai National Park and Preserve*. National Park Service. Retrieved 4 March 2013.
33. "Bear Watching in Katmai National Park and Preserve". National Park Service. Retrieved 4 March 2013.
34. "Multimedia Search". National Park Service. Retrieved 16 Jan 2016.
35. "Live Webstream Captures Fishing Bears | American Forests". American Forests. Retrieved 26 July 2012.
36. "Lodging". *Katmai National Park and Preserve*. National Park Service. Retrieved 3 March 2013.
37. "Weather". *Katmai National Park and Preserve*. National Park Service. Retrieved 5 March 2013.
38. "Animals". *Katmai National Park and Preserve*. National Park Service. Retrieved 5 March 2013.
39. "Fish". *Katmai National Park and Preserve*. National Park Service. Retrieved5 March 2013.

Kenai Fjords National Park, References
1. "Listing of acreage as of December 31, 2011". Land Resource Division, National Park Service. Retrieved 2012-03-07.
2. "NPS Annual Recreation Visits Report". National Park Service. Retrieved2013-02-21.
3. Catton, p. 2
4. Catton, pp. 3–4
5. Catton, p. 5
6. Catton, pp. 213–217
7. Catton, pp. 93–94
8. Catton, pp. 197–198
9. Catton, pp. 201–203
10. Catton, p. 25
11. Catton, pp. 25–27
12. Catton, pp. 27–29
13. Catton, pp. 22–23
14. Catton, p. 32
15. Catton, pp. 33–35
16. Catton, p. 47
17. Catton, p. 55
18. Catton, pp. 58–59
19. Catton, pp. 59–60
20. Catton, pp. 66–67
21. Catton, pp. 73–74
22. Catton, p. 75
23. Catton, p. 219
24. Catton, p. 220
25. "Seward Basics". CruisePortInsider. Retrieved 11 February 2013.
26. "Boat Tours". *Kenai Fjords National Park*. National Park Service. RetrievedJuly 11, 2009.
27. Catton, pp. 135, 137–138
28. Catton, pp. 149–150
29. Catton, p. 208
30. "Kenai Fjords Map". *Kenai Fjords National Park*. National Park Service.

Kings Canyon National Park, References
1. "Listing of acreage as of December 31, 2011". Land Resource Division, National Park Service. Retrieved 2012-03-07.
2. "NPS Annual Recreation Visits Report". National Park Service. Retrieved 2012-03-07.
3. http://www.pbs.org/nationalparks/history/ep5/5/
4. Dilsaver, Lary M.; William C. Tweed (1990). "Harold Ickes and the Final Battle". *Challenge of the Big Trees*. Sequoia National History Association.
5. Bolsinger, Charles L.; Waddell, Karen L. (1993). *Area of old-growth forests in California, Oregon, and Washington* (PDF). United States Forest Service, Pacific Northwest Research Station. Resource Bulletin PNW-RB-197.
6. "Description of the Parks" (PDF). *Sequoia and Kings Canyon Fire Management Plan*. Retrieved 2006-11-25.
7. Hells Canyon in Oregon and Idaho is listed as the deepest. C. Alan Joyce (ed.). *The World Almanac* (2008 ed.). New York: World Almanac Books. p. 447. ISBN 1-60057-072-0.
8. "North Palisade, California". Peakbagger.com. Retrieved 2011-06-15.
9. Ⓔ This article incorporates public domain material from the National Park Service document "Geology Overview".

Kobuk Valley National Park, References
1. "Listing of acreage as of December 31, 2011". Land Resource Division, National Park Service. Retrieved 2012-03-07.
2. "NPS Annual Recreation Visits Report". National Park Service. Retrieved 2013-02-21.
3. "Cultural Resources of Kobuk Valley National Park". National Park Service. Retrieved 23 February 2013.
4. "Kobuk Valley Wilderness". Wilderness.net. Retrieved 21 February 2013.
5. "Sand and Glaciers". *Kobuk Valley National Park*. National Park Service. Retrieved 21 February 2013.
5. Dinwiddie; et al. (May 2010). "Sand, Wind and Ice: Mars Analog Aeolian Studies at the Great Kobuk Sand Dunes, Alaska" (PDF). *Second International Planetary Dunes Workshop*. Bibcode:2010LPICo1552...21D. Retrieved 23 May 2015.
7. "Operating Hours and Seasons". *Kobuk Valley National Park*. National Park Service. Retrieved 21 February 2013.
8. "Kobuk Valley National Park Map". National Park Service.
9. "Operating Hours and Seasons". *Cape Krusenstern National Monument*. National Park Service. Retrieved 21 February 2013.
10. "Operating Hours and Seasons". *Noatak National Preserve*. National Park Service. Retrieved 21 February 2013.
11. "Northwest Arctic Heritage Center, Kotzebue, Alaska". *Kobuk Valley National Park*. National Park Service. Retrieved 21 February 2013.
12. Quinley, John. "Superintendent Named for Western Arctic National Parklands". *Kobuk Valley National Park*. National Park Service. Retrieved 21 February 2013.
13. "National Historic Landmarks". *Kobuk Valley National Park*. National Park Service. Retrieved 21 February 2013.
14. "Mammals of Kobuk Valley National Park". *Kobuk Valley National Park*. National Park Service. Retrieved 21 February 2013.
15. "Fish Species of Kobuk Valley National Park". *Kobuk Valley National Park*. National Park Service. Retrieved 21 February 2013.
16. "Weather". *Kobuk Valley National Park*. National Park Service. Retrieved 21 February 2013.

Lake Clark National Park and Preserve, References
1. "Listing of acreage as of December 31, 2011". Land Resource Division, National Park Service. Retrieved 2012-03-07.
2. "NPS Annual Recreation Visits Report". National Park Service. Retrieved2012-02-28.
3. "Silver Salmon Creek". *Lake Clark National Park and Preserve*. National Park Service. Retrieved December 7, 2013.
4. "Lake Clark National Park map" (PDF). National Park Service. Retrieved28 February 2013.
5. ^ Jump up to:**a b c d e f** "Lake Clark National Park and Preserve". National Park Service. Retrieved 28 February 2013.
6. "Directions". *Lake Clark National Park and Preserve*. National Park Service. Retrieved 28 February 2013.
7. "Mountains". *National Park Service*. National Park Service. Retrieved 1 March2013.
8. "Operating Hours & Seasons". *Lake Clark National Park and Preserve*. National Park Service. Retrieved 2 March 2013.
9. "Things To Do". *Lake Clark National Park and Preserve*. National Park Service. Retrieved 2 March 2013.
10. "Lodging". *Lake Clark National Park and Preserve*. National Park Service. Retrieved 2 March 2013.

Lassen Volcanic National Park, Footnotes
1. "Listing of acreage as of December 31, 2011". Land Resource Division, National Park Service. Retrieved 2012-03-07.
2. "NPS Annual Recreation Visits Report". National Park Service. Retrieved 2013-05-28.
3. Topinka, Topink (May 11, 2005). "Lassen Peak Volcano, California". United States Geological Survey. Retrieved March 11, 2012.
4. Lee, Robert F (2001). "The Story of the Antiquities Act". Chapter 8: The Proclamation of National Monuments Under the Antiquities Act, 1906–1970
5. Lynch, David K. "Volcanoes and their relationship to plate tectonics". SanAndreasFault.org. Retrieved 2012-03-11.
6. Clynne, Michael A; Janik, Cathy J; Muffler, LJP. "Hot Water in Lassen Volcanic National Park: Fumaroles, Steaming Ground, and Boiling Mudpots" (PDF). United States Geological Survey. Retrieved 2012-03-11.
7. "HOTSPOT: California On The Edge: Cascade Range Volcanoes". California Academy of Sciences. Retrieved 2012-03-11.

Lassen Volcanic National Park, References

• Harris, Ann G.; Esther Tuttle, Sherwood D., Tuttle (2004). *Geology of National Parks* (6th ed.). Iowa: Kendall/Hunt Publishing. ISBN 0-7872-9971-5.
• Volcano Hazards of the Lassen Volcanic National Park Area, California, U.S. Geological Survey Fact Sheet 022-00, Online version 1.0 (adapted public domain text; accessed September 25, 2006)

Mammoth Cave National Park , References

1. "Listing of acreage as of December 31, 2011". Land Resource Division, National Park Service. Retrieved March 7, 2012.
2. "NPS Annual Recreation Visits Report". National Park Service. RetrievedDecember 23, 2013.
3. Vickie Carson (February 15, 2013). "Mammoth Cave hits 400 miles".National Park Service (NPS). Retrieved February 18, 2013.
4. Gulden, Bob. "WORLDS LONGEST CAVES". Retrieved 25 June 2013.
5. Bob Gulden (February 18, 2012). "Worlds longest caves". *Geo2 Committee on Long and Deep Caves*. National Speleological Society (NSS). Retrieved February 25, 2012.
6. in some cases, slump blocks of sandstone have broken off the ridgetops and tumbled down the limestone slopes below, rendering the local "contact" layer less clearly defined.
7. Mammoth Cave National Park - Frequently Asked Questions
8. National Park Service - Mammoth Cave, Directions & Transportation
9. Brucker and Watson 1976, p. 272-273
10. Thompson, Bob: Early Writers Flocked To Mammoth Cave By Bob Thompson - 2000
11. Watson 1981 pp. 15-16
12. Brucker and Murray 1983

Mesa, Verde National Park, Citations

1. "NPS Annual Recreation Visits Report". National Park Service. Retrieved March 7, 2012.
2. Charles 2006, pp. 9–10: Paleo-Indians; Lekson 2015, p. 105: southeastern Utah to northwestern New Mexico.
3. Charles 2006, pp. 9–10.
4. Charles 2006, p. 10.
5. Charles 2006, pp. 10–11.
6. Charles 2006, pp. 11–12.
7. Charles 2006, pp. 12–13.
8. Naranjo 2006, p. 54.
9. Charles 2006, pp. 14–15.
10. Charles 2006, pp. 14–15: end of Basketmaker II;Wilshusen 2006, p. 19 beginning of Basketmaker III.
11. Ortman 2006, p. 102.
12. Wilshusen 2006, pp. 19–21.
13. Cordell et al. 2007, p. 383.
14. Cordell et al. 2007, pp. 383–85.
15. Wilshusen 2006, p. 23.
16. Wilshusen 2006, pp. 23–24.
17. Lipe 2006, pp. 30–31.
18. Wilshusen 2006, p. 19.
19. Wilshusen 2006, pp. 19, 24–25.
20. Wilshusen 2006, p. 26.

Mount Rainier National Park, References

1. "Listing of acreage as of December 31, 2011". Land Resource Division, National Park Service. Retrieved 2012-03-07.
2. "NPS Annual Recreation Visits Report". National Park Service. Retrieved2012-03-07.
3. *Mount Rainier National Park* (Map) (Centennial ed.). 1:30,000. Cartography by Charles B. Kitterman/Kulshan Cartographic Services. Stanley Maps. 2000. ISBN 0-9662209-4-3.
4. http://www.nps.gov/mora/naturescience/index.htm
5. Bolsinger, Charles L.; Waddell, Karen L. (1993). *Area of old-growth forests in California, Oregon, and Washington* (PDF). United States Forest Service, Pacific Northwest Research Station. Resource Bulletin PNW-RB-197.
6. "Mount Rainier National Park". *National Historic Landmark summary listing*. National Park Service. Retrieved 2008-06-26.
7. "Manhunt in Mount Rainier park after US ranger shot dead". BBC News. 2 January 2012. Retrieved 2014-02-15.
8. Gast, Phil; Pearson, Michael (3 January 2012). "Troubled picture emerges of ranger killing suspect". CNN. Retrieved 2014-02-15.
9. "Part One: The Cultural Setting. I. Historical Overview Of Indians And Mount Rainier". *Mount Rainier Administrative History*. National Park Service. 24 July 2000. Retrieved 2007-06-05.
10. Burchard, Greg C. (17 November 2004) [February 1998]. "Chapter 4: The 1995 Mount Rainier Archeological Reconnaissance". *Environment, Prehistory & Archaeology of Mount Rainier National Park, Washington*, with contributions by Stephen C. Hamilton and Richard H. McClure, Jr. National Park Service. Seattle, Washington; International Archaeological Research Institute, Inc. Retrieved2007-06-05.
11. Duncan, Dayton; Burns, Ken (2009). *The National Parks: America's Best Idea*. Random House. pp. 48–51, 84–86. ISBN 978-0-307-26896-9.
12. Carson, Rob; Hill, Craig. "Rainier Timeline". The News Tribune. Retrieved24 July 2010.

North Cascades National Park, References

This article incorporates public domain material from websites or documents of the National Park Service.

1. "North Cascades National Park". *Geographic Names Information System*. United States Geological Survey. Retrieved March 29, 2014.
2. "Listing of acreage as of December 31, 2011". Land Resource Division, National Park Service. Retrieved March 29, 2014.
3. "NPS Annual Recreation Visits Report". National Park Service. Retrieved March 29, 2014.
4. Apostol, Dean; Marcia Sinclair (November 5, 2006). *Restoring the Pacific Northwest: The Art and Science of Ecological Restoration in Cascadia*. Island Press. p. 248.ISBN 9781610911030. Retrieved March 29, 2014.
5. McManamon, Francis P.; Linda S. Cordell; Kent G. Lightfoot; George R. Milner (December 2008). *Archaeology in America: An Encyclopedia*. Greenwood. p. 323. ISBN 978-0-313-33184-8. Retrieved March 29, 2014.
6. Mierendorf, Robert. "Cultural History". North Cascades Institute. Retrieved March 30, 2014.
7. Mierendorf, Robert. "Archeology at Cascade Pass" (pdf). *North Cascades Resource Brief*. National Park Service. Retrieved April 6, 2014.
8. "History and Culture". National Park Service. Retrieved April 6, 2014.
9. Thompson, Erwin N. (June 11, 2008). "The Indians". *North Cascades History Basic Data*. National Park Service. Retrieved March 29, 2014.
10. Luxenberg, Gretchen A. (February 7, 1999). "Marketing the Wilderness: Development of Commercial Enterprises". *Historic Resource Study*. National Park Service. Retrieved May 17, 2014.

Olympic National Park, References

1. "Listing of acreage as of December 31, 2011". Land Resource Division, National Park Service. Retrieved 2012-03-07.
2. "NPS Annual Recreation Visits Report". National Park Service. Retrieved 2012-03-07.
3. "Olympic National Park: Directions". National Park Service. Retrieved 2014-11-11.
4. "The Economy of the Olympic Peninsula and Potential Impacts of the Draft Congressional Watershed Conservation Proposal" (PDF). Headwaters Economics (Bozeman, Montana). p. 6. Retrieved 2014-11-11.
5. "Park Newsletter July/August 2009". National Park Service. Retrieved 2011-07-08.
6. http://www.nps.gov/legal/Proclamations_and_Orders/Proclamations_and_Orders_Vol_II/17_Appendix_III.pdf
7. "The National Parks Index 2009–2011". National Park Service. Retrieved 2011-07-08.
8. "Olympic Wilderness". Wilderness.net. Retrieved 2011-07-08.
9. "Olympic National Park: Coast". National Park Service. Retrieved 2009-08-23.
10. "City of Sequim". Retrieved 2011-07-08.
11. "Monthly Averages for Sequim, WA". The Weather Channel. Retrieved 2011-07-08.
12. "Cougar warning". Kitsap Sun (17 May 1992). Retrieved January 8, 2014.
13. "Mountain Goats in Olympic National Park: Biology and Management of an Introduced Species". National Park Service. Retrieved January 8, 2014.
14. Bolsinger, Charles L.; Waddell, Karen L. (1993). "Area of old-growth forests in California, Oregon, and Washington" (PDF). United States Forest Service, Pacific Northwest Research Station. Resource Bulletin PNW-RB-197.

Petrified Forest National Park, References

1. "Petrified Forest National Park". *Geographic Names Information System(GNIS)*. United States Geological Survey. June 27, 1984. Retrieved October 1,2010.
2. "Natural Features and Ecosystems". National Park Service. Archived from the original on February 21, 2015. Retrieved October 5, 2010.
3. "Listing of Acreage" (PDF). National Park Service. Land Resources Division. 2011. p. 9. Retrieved November 16, 2015.
4. "Petrified Forest National Wilderness Area". Wilderness.net. Archived from the original on May 18, 2013. Retrieved March 7, 2011.
5. *The National Parks Index 2009–2011* (PDF). National Park Service. 2009. ISBN 978-0-912627-81-6. Archived from the original (PDF) on October 16, 2011. Retrieved October 7, 2010.
6. "NPS Stats. Park Reports: PEFO". National Park Service. 2015. RetrievedNovember 16, 2015.
7. "Protected Areas Database of the United States (PAD-US), Version 1.1". US Geological Survey, National Biological Information Infrastructure, Gap Analysis Program (GAP). May 2010. Retrieved November 6, 2010.
8. *Arizona Atlas and Gazetteer* (Map) (2009 ed.). DeLorme Mapping. § 38–39.ISBN 978-0-89933-325-0.
9. *The Road Atlas* (Map) (2008 ed.). Rand McNally & Company. § 8–9. ISBN 978-0-528-93961-7
10. Thomas, Kathryn A.; Hansen, Monica; Seger, Cristoph (2003). "Part I: Vegetation of Petrified Forest National Park, Arizona" (PDF). United States Geological Survey. pp. 1–2. Archived (PDF) from the original on February 9, 2015. Retrieved October 14, 2010.

Pinnacles National Park, Notes and references
1. "Listing of acreage as of December 31, 2012". Land Resource Division, National Park Service. Retrieved 2013-09-22.
2. "NPS Annual Recreation Visits Report". National Park Service. Retrieved2013-02-21.
3. *Draft General Management Plan*, National Park Service. p. 4
4. Oberg, Reta R. (1979). "Administrative History of Pinnacles National Monument" (PDF). National Park Service. pp. 4–5. Retrieved 14 January 2013.
5. Oberg, p. 64
6. Oberg, p. 70
7. Oberg, p. 76
8. Oberg, p. 77
9. Oberg, p. 79
10. Oberg, p. 72
11. Oberg, p. 85
12. Oberg, pp. 91-94
13. Oberg, pp. 96-97
14. Oberg, p. 111
15. Oberg, pp. 86-91
16. Oberg, pp. 121-122
17. Oberg, pp. 135-136
18. Oberg, p. 145
19. Oberg, pp. 146-147
20. Oberg, p. 153
21. Oberg, p. 150
22. Oberg, p. 154
23. Oberg, p. 167
24. Oberg, p. 184
25. Oberg, p. 168
26. Oberg, p. 173
27. Oberg, p. 180
28. *Draft General Management Plan*, National Park Service, pp. 4-5
29. Oberg, p. 182
30. Oberg, p. 183
31. Oberg, p. 190
32. "History & Culture". National Park Service. Retrieved 4 March 2013.
33. Oberg, pp. 195, 198
34. Oberg, pp. 200-201
35. "Draft General Management Plan and Environmental Assessment, Pinnacles National Monument". National Park Service. October 2012.
36. Wikisource:Proclamation 7266
37. Molnar, Phillip (December 31, 2012). "Bill creating Pinnacles National Park awaits Obama's signature". *Monterey Herald*. Retrieved 3 January 2013.
38. Simon, Richard (December 31, 2012). "Pinnacles National Monument set to become a park". *Los Angeles Times*. Retrieved 3 January 2013.
39. 16 USC § 1a-1
40. Rogers, Paul (January 10, 2013). "Obama elevates Pinnacles National Monument south of Bay Area to full national park status". *San Jose Mercury News*. Retrieved10 January 2013.
41. "Pinnacles NM, California". Western Regional Climate Center. Retrieved June 27, 2013.
42. "CA Pinnacles NM". National Oceanic and Atmospheric Administration. Retrieved June 27, 2013.
43. "Faults". *Pinnacles National Monument*. National Park Service. Retrieved7 January 2013.
44. Alt, David; Hyndman, Donald W. (2000). *Roadside Geology of Northern and Central California*. Mountain Press. pp. 181–183. ISBN 978-0-87842-409-2.
45. Fimrite, Peter (10 March 2010). "First condor nest in Pinnacles in 100 years". San Francisco Chronicle. Retrieved 9 January 2013.
46. "Pinnacles Condor Program". *Pinnacles National Monument*. National Park Service. Retrieved 9 January 2013.
47. "Animals". *Pinnacles National Monument*. National Park Service. Retrieved7 January 2013.
48. Oberg, p. 3
49. Oberg, pp. 35-36
50. Grinde, Alexis R.; Sweitzer, Rick A. "Vegetation Monitoring after Wild Pig Removal at Pinnacles National Park" (PDF). National Park Service. Retrieved 15 January2013.
51. "Bat Inventory of Pinnacles National Park" (PDF). National Park Service. Retrieved 15 January 2013.
52. Terry Griswold and Olivia Messinger at the bee biology and Systematics Laboratory , Logan Campus of Utah State University
53. Oberg, pp. 1-2
54. http://www.nps.gov/pinn/parkmgmt/wilderness.htm
55. PDF document of legislation from Wilderness.net
56. Forgione, Mary (January 14, 2013). "California: Pinnacles National Park is nation's newest park". *Los Angeles Times*. Retrieved 16 January 2013.
57. Johnson, Elvin R.; Cordone, Richard P. (1992). *Pinnacles Guide: Pinnacles National Monument, San Benito County, California*. Glendale, CA: La Siesta Press. ISBN 91-0-856715-8.
58. "Cave/Karst Systems". *Pinnacles National Park*. National Park Service.
59. "Status of the Caves". *Pinnacles National Monument*. National Park Service. Retrieved 7 January 2013.
60. "Camping at Pinnacles". *Pinnacles National Monument*. National Park Service. Retrieved 7 January 2013.

Redwood National and State Parks, Notes
1. "Listing of acreage as of December 31, 2011". Land Resource Division, National Park Service. Retrieved 2012-03-07.
2. "NPS Annual Recreation Visits Report". National Park Service. Retrieved 2012-03-07.
3. "National or State Park?" (PDF). *Redwood National and State Parks Visitor Guide*. National Park Service. June 24, 2010. Retrieved 2010-06-24.
4. Coy, Owen Cochran (1982). *The Humboldt Bay Region 1850-1875*. Humboldt County Historical Society. p. 51.
5. "Working Together". *Redwood National and State Parks*. National Park Service. Retrieved 2 April 2012.
6. "Threatened/Endangered Species". National Park Service. Retrieved2008-11-07.
7. "U.S. World Heritage Sites". National Park Service. Archived from the originalon 2008-10-13. Retrieved 2008-11-07.
8. "The Indians of the Redwoods". *Redwood History Basic Data*. National Park Service. January 15, 2004. Retrieved 2008-11-07.
9. Castillo, Edward (1998). "Short Overview of California Indian History". California Native American Heritage Commission. Retrieved 2008-11-07.
10. Nabokov, Peter; Robert Easton (October 25, 1990). *Native American Architecture*. U.S.: Oxford University Press. ISBN 978-0-19-506665-4.

Rocky Mountain National Park, Notes
1. "Listing of acreage as of December 31, 2011". Land Resource Division, National Park Service. Retrieved 2012-03-07.
2. "NPS Annual Recreation Visits Report". National Park Service. Retrieved 2012-03-07.
3. "Beaver Meadows Visitor Center Review | Rocky Mountain NP | Fodor's Travel Guides". Fodors.com. Retrieved 2013-06-04.
4. "Rocky Mountains National Park directions page". Nps.gov. 2013-05-24. Retrieved 2013-06-04.
5. "No tall tale: State higher than thought". Skyrunner.com. 2002-07-07. Retrieved 2013-06-04.
6. Nesbit, Paul. *Longs Peak*. 1990
7. Brachfeld, Aaron (September 2015). "Trail to Bridal Veil Falls, Rocky Mountain National Park". *the Meadowlark Herald* (September 2015) (the Meadowlark Herald). Retrieved2015-09-16.
8. John William Uhler (2007). "Rocky Mountain National Park Information: History". Retrieved 2013-12-07.
9. "Topographical Engineers - Stephen Harriman Long". U S Corps of Topographical Engineers. Retrieved 2010-03-21.
10. "Old Fall River Road a short-term flood casualty". Estes Park Trail Gazette. 12 December 2013. Retrieved 2013-12-23.
11. "Hidden Valley Ski Area". Retrieved 2007-12-02.

Saguaro National Park, Notes
1. "Listing of acreage as of December 31, 2011". Land Resource Division, National Park Service. Retrieved 2012-03-07.
2. "The National Parks: Index 2009–2011". National Park Service. Retrieved 2011-06-06.
3. "NPS Annual Recreation Visits Report". National Park Service. Retrieved 2012-03-07.
4. "Saguaro Wilderness". Wilderness.net. Retrieved 2012-03-07.
5. "Saguaro Celebrates its 75th Anniversary". National Park Service. Retrieved 2011-06-06.
6. "Mica Mountain, Arizona". Peakbagger.com. Retrieved 2011-06-06.
7. "Camping in Saguaro Wilderness Area". National Park Service. Retrieved 2011-06-06.

Sequoia National Park, References
1. "Listing of acreage as of December 31, 2012". Land Resource Division, National Park Service. Retrieved 2013-09-22.
2. "NPS Annual Recreation Visits Report". National Park Service. Retrieved 2013-09-22.
3. Bolsinger, CL; Waddell, KL (1993). "Area of old-growth forests in California, Oregon, and Washington" (PDF). United States Forest Service, Pacific Northwest Research Station. Resource Bulletin PNW-RB-197. Retrieved 2012-03-07.
4. Franklin, Jerry, F; Fites-Kaufmann, Jo Ann (1996). "Status of the Sierra Nevada". Assessment of Late-Successional Forests of the Sierra Nevada (II: Biological and Physical Elements of the Sierra Nevada ed.). Sierra Nevada Ecosystem Project. Final Report to Congress: 627–71. Retrieved 2012-03-07.
5. Grinnell, Joseph (1937). *Fur Bearing mammals of California*.

Shenandoah National Park, References
1. "Listing of acreage as of December 31, 2011". Land Resource Division, National Park Service. Retrieved 2012-03-07.
2. "NPS Annual Recreation Visits Report". National Park Service. Retrieved 2012-03-07.
3. "GOL 135: The geology of Shenandoah National Park, Virginia". nvcc.edu. Retrieved 17 June 2015.
4. Callan Bentley (14 November 2011). "Compton Peak: superb columnar jointing". Callan Bentley's blog *Mountain Beltway* on American Geophysical Union Blogosphere. Retrieved 24 July 2015.
5. http://www.dmme.virginia.gov/DMR3/dmrpdfs/VGFC-2009.pdf
6. Scott Southworth (17 June 2015). "Geologic Map of the Shenandoah National Park Region, Virginia". usgs.gov. Retrieved 17 June 2015.
7. Hatcher, R.D. "Tracking Lower-to-Mid-to-Upper Crustal Deformation Processes through Time and Space through Three Paleozoic Orogenies in the Southern Appalachians Using Dated Metamorphic Assemblages and Faults". *Geological Society of America Abstracts with Programs v. 40, p. 513*. Geological Society of America. Retrieved 2012-01-23.
8. "Google Earth Multimedia". wm.edu. Retrieved 7 May 2015.
9. "Geological Evolution of Virginia and the Mid-Atlantic Region". jmu.edu. Retrieved 7 May 2015.

Theodore Roosevelt National Park, Notes
1. "Listing of acreage as of December 31, 2011". Land Resource Division, National Park Service. Retrieved 2012-05-13.
2. "NPS Annual Recreation Visits Report". National Park Service. Retrieved 2012-05-13.
3. "Theodore Roosevelt National Park North Unit Scenic Byway". Retrieved 2012-05-13.

Virgin Islands National Park, References
1. "Listing of acreage as of December 31, 2011". Land Resource Division, National Park Service. Retrieved 2012-03-07.
2. "NPS Annual Recreation Visits Report". National Park Service. Retrieved 2012-03-07.
3. Singer, Gerald (2006). "St. John USVI Trails: Petroglyphs Trail". *St. John Off The Beaten Track*. Retrieved 4 November 2012.
4. "Places to Go". Retrieved 7 March 2011.

Voyageurs National Park, References
1. "Listing of acreage as of December 31, 2011". Land Resource Division, National Park Service. Retrieved 2012-03-07.
2. "NPS Annual Recreation Visits Report". National Park Service. Retrieved 2012-03-07.
3. "Voyageurs National Park - People". National Park Service. Retrieved 2012-03-07.
4. "Voyageurs National Park - Natural Features & Ecosystems". National Park Service. Retrieved 2012-03-07.
5. "Rendezvous - Your Guide to Voyageurs National Park" (PDF). National Park Service. Spring 2011 – Winter 2012. Archived (PDF) from the original on 2012-03-08. Retrieved 2012-03-08.
6. "Voyageurs National Park - Introduction" (PDF). National park Service. Retrieved 2012-03-08.

Wind Cave National Park, References
1. "Listing of acreage as of December 31, 2011". Land Resource Division, National Park Service. Retrieved March 7, 2012.
2. "NPS Annual Recreation Visits Report". National Park Service. Retrieved March 7, 2012.
3. Bob Gulden (May 13, 2013). "Worlds longest caves". *Geo2 Committee on Long and Deep Caves*. National Speleological Society (NSS). Retrieved June 12, 2013.
4. National Park Service: Early cave explorers
5. Wind Cave brochure, National Park Service, GPO, WDC
6. http://www.nps.gov/wica/historyculture/alvin_mcdonald.htm
7. McDonald, Alvin Frank. A Private Account of A. F. McDonald, Permanent Guide of Wind Cave (a.k.a. "Alvin McDonald Diary," written 1891-1893). Facsimile ed., no pub. data. Sold through Wind Cave National Park. Financial entries, pp. 20-21 and 23-25.
8. http://www.nps.gov/wica/historyculture/alvin-mcdonalds-diary-text.htm

Wrangell–St. Elias National Park and Preserve, References
1. "Listing of acreage as of December 31, 2011". Land Resource Division, National Park Service. Retrieved 2012-03-08.
2. "NPS Annual Recreation Visits Report". National Park Service. Retrieved 2013-02-21.
3. "Wrangell-St. Elias 2011 Foundation Statement" (PDF). National Park Service. pp. 6, 16–17, 20–38. Retrieved 2012-03-08.
4. Winkler, p. xi
5. "Wrangell-St. Elias National Park Map". *Wrangell-St. Elias National Park*. National Park Service. Retrieved 16 February 2013.
6. "Wrangell-St. Elias National Park & Preserve". National Parks Conservation Association. Retrieved 2010-06-14.
7. Richter *et al.* pp. 8–10
8. "United States Geological Survey: Mt. St. Elias". Geonames.usgs.gov. Retrieved 2012-03-06.
9. "The National Parks: Index 2009–2011". National Park Service. Retrieved 2012-03-08.

Yellowstone National Park, References
1. "Listing of acreage as of December 31, 2011". Land Resource Division, National Park Service. Retrieved 2012-03-08.
2. "NPS Annual Recreation Visits Report". National Park Service. Retrieved 2012-03-08.
3. "Yellowstone National Park". UNESCO World Heritage Centre. Retrieved 2012-03-24.
4. "English-Arapaho dictionary". Retrieved 2012-05-23.
5. "Yellowstone, the First National Park".
6. U.S. Statutes at Large. Vol. 17, Chap. 24, pp. 32–33. "An Act to set apart a certain Tract of Land lying near the Head-waters of the Yellowstone River as a public Park." From The Evolution of the Conservation Movement. 1850–1920 collection. Library of Congress
7. "Kotor, Srebarna and Yellowstone are withdrawn from the list of World Heritage in danger". *UNESCO press release*. July 5, 2005. Retrieved 2011-07-29.
8. "Park Facts". National Park Service. December 22, 2015. Retrieved 2015-12-27.
9. "Yellowstone, History and Culture". National Park Service. Retrieved 2011-05-08.
10. "Records of the National Park Service [NPS]". *National Archives*. Retrieved 9 January 2016.
11. "Questions About Yellowstone Volcanic History". United States Geological Survey, Yellowstone Volcano Observatory. Retrieved 2011-05-06.
12. "Geothermal Features and How They Work". National Park Service. February 17, 2007. Retrieved 2007-04-08.
13. Schullery, Paul. "The Greater Yellowstone Ecosystem". *Our Living Resources*. U.S. Geological Survey. Archived from the original on September 25, 2006. Retrieved 2007-03-13.
14. Macdonald, James S., Jr. (December 27, 2006). "History of Yellowstone as a Place Name". Retrieved 2008-12-14.
15. "Yellowstone: A Brief History of the Park" (PDF). U.S. Department of the Interior. Archived from the original (PDF) on April 14, 2008.
16. Lahren, Larry (2006). *Homeland: An archaeologist's view of Yellowstone Country's past*. Cayuse Press. p. 161. ISBN 0-9789251-0-6.
17. Janetski, Joel C. (1987). *Indians in Yellowstone National Park*. Salt Lake City, Utah: University of Utah Press. ISBN 0-87480-724-7.
18. Haines, Aubrey L. (2000). "The Lewis and Clark Era (1805–1814)". *Yellowstone National Park: Its Exploration and Establishment*. U.S. Department of the Interior. Archived from the original on October 15, 2006. Retrieved 2006-11-14.

Yosemite National Park, Notes
1. "Yosemite National Park". *Geographic Names Information System*. United States Geological Survey.
2. "Park Statistics". Yosemite National Park (U.S. National Park Service). Retrieved 13 February 2014.
3. "NPS Annual Recreation Visits Report". National Park Service. Retrieved January 8, 2016.
4. Hargis, Toni (January 13, 2014). "No, Arkansas Doesn't Sound the Way It Looks: A Guide to Pronouncing U.S. Place Names". BBC America. Retrieved 14 July 2014.
5. Discover the High Sierra, California Office of Tourism
6. 'Fire Tracker': Online Tool To Monitor Blaze Near Yosemite, NPR, 26 August 2013
7. Harris 1998, p. 324
8. "Nature & History". United States National Park Service: Yosemite National Park. October 13, 2006. Archived from the original on January 25, 2007. Retrieved January 27, 2007.
9. "Yosemite Wilderness". United States National Park Service: Yosemite National Park. Retrieved March 15, 2008.
10. "History & Culture". United States National Park Service: Yosemite National Park. Retrieved January 27, 2007.

Zion National Park, References
• This article incorporates public domain material from websites or documents of the National Park Service.
• This article incorporates public domain material from websites or documents of the United States Geological Survey.
1. "Listing of acreage as of December 31, 2012". Land Resource Division, National Park Service. Retrieved March 31, 2013.
2. "Zion-Mt. Carmel Highway and Tunnel". National Park Service. Retrieved March 31, 2013.
3. "NPS Annual Recreation Visits Report". National Park Service. Retrieved March 8, 2012.
4. Tufts 1998, p. 45
5. Rothman, Hal (1989). *Preserving Different Pasts: The American National Monuments*. University of Illinois Press. p. 98. ISBN 978-0-252-01548-9.
6. Tufts 1998, p. 43
7. NPS website, How to get here
8. NPS website, Accessibility
9. Harris 1997, p. 33
10. Harris 1997, p. 29

CPSIA information can be obtained
at www.ICGtesting.com
Printed in the USA
BVHW071237230520
580086BV00006B/382